BEI GRIN MACHT SICH IHR WISSEN BEZAHLT

Vergleich der COVID-19 Berichterstattung zu Beginn der Pandemie und Anfang Juli 2020 in der ZEIT ONLINE

Operationalisierung einer Sentiment-Analyse zur Untersuchung von Dramatisierungstendenzen

Amelie Probst

Bibliografische Information der Deutschen Nationalbibliothek:

Die Deutsche Nationalbibliothek verzeichnet diese Publikation in der Deutschen Nationalbibliografie; detaillierte bibliografische Daten sind im Internet über http://dnb.d-nb.de abrufbar.

ISBN: 9783346346841
Dieses Buch ist auch als E-Book erhältlich.

© GRIN Publishing GmbH
Nymphenburger Straße 86
80636 München

Druck und Bindung: Books on Demand GmbH, Norderstedt Germany
Gedruckt auf säurefreiem Papier aus verantwortungsvollen Quellen

Das vorliegende Werk wurde sorgfältig erarbeitet. Dennoch übernehmen Autoren und Verlag für die Richtigkeit von Angaben, Hinweisen, Links und Ratschlägen sowie eventuelle Druckfehler keine Haftung.

Das Buch bei GRIN: https://www.grin.com/document/988088

Universität Trier
Fachbereich II – Computerlinguistik und Digital Humanities

Seminar: Methoden der Datenerschließung

Hausarbeit zum Abschluss des Moduls MA2DHU1003:
„Digitale Methoden: Datenerschließung und Programmieren"

„Vergleich der COVID-19 Berichterstattung zu Beginn der Pandemie mit der Berichterstattung Anfang Juli in der *ZEIT ONLINE* – Operationalisierung einer Sentiment-Analyse zur Untersuchung von Dramatisierungstendenzen."

Abgabedatum: 30.09.2020

Verfasserin: Amelie Probst

Inhaltsverzeichnis

Abkürzungsverzeichnis

K1	Subkorpus 1
K2	Subkorpus 2
NLP	Natural Language Processing
POS	Part-of-Speech
RK	Referenzkorpus
RKI	Robert Koch-Institut
STTS	Stuttgart-Tübingen-Tagset
WWW	World Wide Web

Tabellenverzeichnis

1. Einleitung

Die Corona-Pandemie bestimmt seit Anfang des Jahres 2020 das Leben der Menschen. Das stetige Informieren über aktuelle Zahlen und Entwicklungen ist fester Bestandteil des Alltages geworden. Die Presse spielt eine wichtige Rolle zur Meinungsbildung und sollte dem Leser nicht das Denken abnehmen, sondern ihm ermöglichen, sich selbst ein Urteil zu bilden.[1] Um dies zu gewährleisten, muss die Berichterstattung objektiv und wertfrei sein.[2] Es ist zu untersuchen, ob die Medien dies, insbesondere zu Beginn der Pandemie, geleistet haben. Außerdem stellt sich die Frage, welche Bedeutung die Objektivität im Journalismus hat und wie sie sich operationalisieren lässt. Ausgehend davon beschäftigt sich die vorliegende Arbeit mit folgender zentraler Fragestellung: Berichtet die *ZEIT ONLINE* zu Beginn der Pandemie durch den vermehrten Einsatz wertender, negativ konnotierter Adjektive stärker dramatisierend und nach längerem Andauern der Pandemie stärker objektivierend über COVID-19?

Ziel der vorliegenden Arbeit ist es, die zwei folgenden Hypothesen mittels einer Sentiment-Analyse in Python zu operationalisieren und zu prüfen:

1. Die *ZEIT ONLINE* setzt zu Beginn der Pandemie in Relation zur Textlänge mehr Adjektive in der Berichterstattung über COVID-19 ein als in der Berichterstattung Anfang Juli.
2. Die *ZEIT ONLINE* setzt zu Beginn der Pandemie in Relation zur Textlänge mehr wertende, negativ polare Adjektive in der Berichterstattung über COVID-19 ein als in der Berichterstattung Anfang Juli.

Der Schwerpunkt liegt dabei nicht auf der statistischen Auswertung der Daten. Im Mittelpunkt steht die Entwicklung des Untersuchungsdesigns aus der Fragestellung heraus sowie der kritischen Reflexion der Erkenntnisreichweite dieser Modellierung.

Für den Vergleich der beiden Zeiträume wurden zwei Subkorpora erstellt. Das erste Subkorpus (K1) enthält zehn Artikel vom 11. März 2020, dem Tag, an dem die Weltgesundheitsorganisation den Ausbruch von COVID-19 zur Pandemie erklärt hat.[3] Das zweite Subkorpus (K2) enthält zehn Artikel des 1. Juli 2020, einem Zeitpunkt, zu dem die erste COVID-19-Welle in Deutschland laut dem Robert Koch-Institut (RKI) abgeflacht ist.[4] Ein späterer Zeitpunkt wurde nicht gewählt, um weitere Aspekte, wie die bereits Anfang Juli vom

---

[1] Vgl. Walther Von La Roche, Klaus Meier, und Gabriele Hooffacker, *La Roches Einführung in den praktischen Journalismus: Mit genauer Beschreibung aller Ausbildungswege Deutschland · Österreich · Schweiz*, 20. Aufl., Journalistische Praxis (VS Verlag für Sozialwissenschaften, 2017). S. 102.

[2] Vgl. Von La Roche, Meier, und Hooffacker. S. 102.

[3] Vgl. „WHO erklärt COVID-19-Ausbruch zur Pandemie", Weltgesundheitsorganisation, 12. März 2020, https://www.euro.who.int/de/health-topics/health-emergencies/coronavirus-covid-19/news/news/2020/3/who-announces-covid-19-outbreak-a-pandemic.

[4] Vgl. „Antworten auf häufig gestellte Fragen zum Coronavirus SARS-CoV-2 / Krankheit COVID-19: Wird es weitere COVID-19-Wellen in Deutschland geben?", Robert Koch-Institut, 3. Juli 2020, https://www.rki.de/SharedDocs/FAQ/NCOV2019/gesamt.html.

RKI angedeutete Sorge um eine *zweite Welle*, auszuschließen.[5] Die Kriterien der Korpuswahl werden in Kapitel 2.1 erläutert.

Aufgrund der kleinen Korpusgröße wurde auf das Durchführen eines Signifikanztestes verzichtet. Ein direkter Mittelwertvergleich wurde von der Autorin als ausreichend erachtet, um Aussagen über Tendenzen treffen zu können. Um die Effektstärke einschätzen zu können, wurden die Ergebnisse mit einem Referenzkorpus (RK), bestehend aus zehn randomisierten *ZEIT ONLINE* Artikeln zu anderen Themen, abgeglichen.

Die Sentiment-Analyse ist eine Aufgabe des Natural Language Processing (NLP), genau wie die zur Vorverarbeitung der Korpora verwendeten Methoden *Tokenisierung, Lemmatisierung* und *Part-of-Speech (POS) Tagging*.[6] Das NLP befasst sich mit der Entwicklung computergestützter Techniken zur Verarbeitung natürlicher Sprache und hat sich in den letzten Jahren von einem Nebenzweig der Künstlichen Intelligenz und Linguistik zu einer aufstrebenden wissenschaftlichen Disziplin entwickelt.[7] Die Sentiment-Analyse ist seit Anfang 2000 eines der aktivsten Forschungsgebiete in diesem Bereich.[8] Sie dient der automatisierten Auswertung von Texten mit dem Ziel, Meinungen und Stimmungen von Menschen gegenüber Entitäten als positiv, neutral oder negativ zu analysieren.[9] Unter dem weit gefassten Begriff *Meinung* werden in dieser Arbeit Meinungsäußerungen verstanden, die die positiven oder negativen *Sentimente*, d.h. Stimmungen, von Menschen beschreiben.[10] Meinungen sind laut Liu sowohl für Einzelpersonen als auch für Unternehmen von großer Relevanz, als Forschungsgegenstand aber erst seit 2000 in den Blickpunkt geraten.[11] Grundlegend für diese Entwicklung sind die leicht zugänglichen, meinungsbildenden Texte im World Wide Web (WWW).[12] Wurden früher zum Beispiel bei Kaufentscheidungen Freunde befragt, bietet das Web heute durch nutzergenerierte Inhalte unzählige Informationsquellen.[13] Unternehmen können Kundenverhalten aus diesen Inhalten extrahieren und müssen nicht selbst aufwändige Befragungen durchführen.[14] Meinungsquellen aufzuspüren, die Inhalte zu extrahieren,

---

[5] Vgl. „Coronavirus SARS-CoV-2".
[6] Vgl. Bing Liu, „Sentiment Analysis and Opinion Mining" (Morgan & Claypool, 2012). S. 5.
[7] Vgl. Cheng Xiang Zhai und Sean Massung, *Text Data Management and Analysis: A Practical Introduction to Information Retrieval and Text Mining* (Association for Computing Machinery and Morgan & Claypool, 2016), S. 39.; Alexander Clark, Hrsg., *The Handbook of Computational Linguistics and Natural Language Processing* (Chichester: Wiley-Blackwell, 2010). S. 1.
[8] Vgl. Bing Liu, „Sentiment Analysis and Opinion Mining" (Morgan & Claypool, 2012). S. 5.
[9] Vgl. Liu. S. 7.
[10] Vgl. Bing Liu, „Sentiment Analysis and Subjectivity", in *Handbook of Natural Language Processing*, hg. von Nitin Indurkhya und David D. Palmer, 2. ed. (Boca Raton, FL: Taylor & Francis Ltd, 2010), 627–66. S. 627.
[11] Vgl. Bing Liu, „Sentiment Analysis and Opinion Mining" (Morgan & Claypool, 2012). S. 5.; Vgl. Liu, „Sentiment Analysis and Subjectivity". S. 627.
[12] Vgl. Liu, „Sentiment Analysis and Subjectivity". S. 627.
[13] Vgl. Liu. S. 627f.
[14] Vgl. Liu. S. 628.

zusammenzufassen und in brauchbare Formen zu gliedern, ist eine komplexe und zeitaufwändige Aufgabe.[15] Automatisierte Systeme werden benötigt – aus diesem Bedarf ist die Sentiment-Analyse erwachsen.[16]

Anwendung findet die Sentiment-Analyse hauptsächlich im Unternehmenskontext, zum Beispiel um Verbrauchermeinungen über Produkte aus nutzergenerierten Inhalten zu extrahieren.[17] Auch in anderen Anwendungsszenarien wird die Sentiment-Analyse vorwiegend genutzt, um meinungsbildende Texte auf ihre Polarität zu untersuchen.[18] Im Gegensatz zu diesen Anwendungsszenarien hat die Autorin die Sentiment-Analyse in der vorliegenden Arbeit als geeignet erachtet, um aus tatsachenbetonten, journalistischen Texten Meinungen und Stimmungen herauszufiltern. Denn die Objektivitätsnorm ist ein wichtiges Qualitätskriterium in der tatsachenorientierten Berichterstattung,[19] lässt sich bislang aber nur schwer messen.

Operationalisiert wurde die Sentiment-Analyse mit der Python-Bibliothek *textblob-de*. Zum Schreiben des Programmes wurde Python in der Version 3.8.3rc1 mit der integrierten Entwicklungsumgebung *Thonny* verwendet. Zuerst wurden die Korpora mit der Python-Bibliothek *spaCy* vorverarbeitet, wie in 2.3.1 beschrieben. Im Rahmen der Sentiment-Analyse wurden die Adjektive anhand ihrer Polaritätswerte in drei Gruppen eingeteilt: Stark polar positive, negative und neutrale Adjektive. Anschließend wurde ihre Anzahl pro Gruppe ermittelt und in Relation zur Korpusgröße gesetzt. Die Ergebnisse wurden in 3.1 ausgewertet und in 3.2 ihre Reichweite kritisch diskutiert.

Die Literaturverwaltung wurde mit dem Programm *Zotero* vorgenommen. Zitiert wurde in der deutschen Zitierweise mit dem Zitierstil *Chicago Manual of Style*. Aus Gründen der besseren Lesbarkeit verwendet diese Arbeit sprachlich das generische Maskulinum und impliziert gleichermaßen die weibliche Form.

---

[15] Vgl. Liu. S. 628.
[16] Vgl. Liu. S. 628.
[17] Vgl. Liu, *Sentiment Analysis and Opinion Mining*, 20. S. 8.
[18] Vgl. Liu, 20. S. 8.
[19] Vgl. Christoph Neuberger und Peter Kapern, *Grundlagen des Journalismus* (Wiesbaden: Springer VS, 2013). S. 146f.

2. Methodische und theoretische Grundlagen

2.1 Untersuchungskorpus

Das Untersuchungskorpus besteht aus zwei Subkorpora, die jeweils zehn Artikel aus der *ZEIT ONLINE* zu den in der Einleitung beschriebenen Zeitpunkten enthalten. Die Korpusgröße wurde auf zehn Artikel limitiert, um im Rahmen der kritischen Reflexion einen Vergleich zwischen der Sentiment-Analyse und eigenen Lese-Analysen zu ermöglichen. K1 hat eine Länge von 8314 Tokens und K2 von 5410 Tokens. Die unterschiedliche Länge ist unbedeutend, da mit relativen Häufigkeiten gerechnet wurde.

Für die Implementierung in Python wurden die Artikel in einer TXT Datei pro Korpus zusammengefasst. Bild- und Videounterschriften wurden vernachlässigt.

Die Auswahl der Artikel erfolgte anhand folgender Kriterien:

1. Inhalt der Artikel

   Es wurden nur Artikel gewählt, die sich inhaltlich mit COVID-19 befassen. Als solche wurden diejenigen Artikel definiert, die in der Themenrubrik *Coronavirus: Alles zu Sars-CoV-2* der *ZEIT ONLINE* enthalten sind.

2. Länge der Artikel

   Um Vergleichbarkeit zu gewährleisten wurden nur Artikel mit einer maximalen Länge von zwei Seiten gewählt.

3. Journalistische Darstellungsform

   Es wurden nur die tatsachenbetonten Darstellungsformen *Meldung, Nachricht* und *Bericht* aufgenommen.[20] Die *Reportage* und weitere tatsachenbetonte Darstellungsformen wurden nicht aufgenommen, da sie von Schneider und Raue nicht als rein informierend eingeordnet werden.[21] Meinungsbetonte Darstellungsformen, wie *Kommentare*, sind für die Analyse nicht geeignet, da sie bewerten sollen und nicht den Anspruch erheben, objektiv zu sein.[22]

4. Verhältnis von Text, Bild und Video

   Artikel mit einem hohen Anteil an Grafiken und Schaubildern, die zum Verständnis der Artikel von zentraler Bedeutung sind, wurden nicht aufgenommen, da sich diese nicht in TXT Dateien einbetten lassen. Aus demselben Grund wurden Artikel, die aus einem Videobeitrag mit einem kurzen Text bestehen, nicht berücksichtigt.

---

[20] Vgl. Claudia Mast, Hrsg., *ABC des Journalismus: ein Handbuch*, 11., überarb. Aufl. (Konstanz: UVK-Verl-Ges, 2008). S. 259.
[21] Vgl. Wolf Schneider und Paul-Josef Raue, *Das neue Handbuch des Journalismus*, Vollst. überarb. und erw. Neuausg. (Reinbek bei Hamburg: Rowohlt-Taschenbuch-Verl, 2003). S. 108.
[22] Vgl. Mast, *ABC des Journalismus*. S. 306.

Zusätzlich zu den beiden Subkorpora wurde ein Referenzkorpus erstellt, das zehn randomisierte Artikel aus der *ZEIT ONLINE* 2019 enthält. Die Randomisierung wurde vorgenommen, indem im Archiv der *ZEIT ONLINE* jede fünfte Ausgabe aus dem Jahr 2019 sondiert und daraus jeweils im Wechsel ein Artikel aus den Kategorien *Politik, Wirtschaft, Wissen, Kultur* und *Gesellschaft* gewählt wurde, der den oben genannten Kriterien entspricht. Die Auswahl wurde auf diese Kategorien begrenzt, da die meisten der COVID-19 Artikel sich in diese einordnen lassen.

2.2 Objektivität: Bedeutung für den Journalismus und Operationalisierung

Die *Objektivitätsnorm* ist als eines der wichtigsten Qualitätskriterien des Journalismus in verschiedenen Pressegesetzen verankert.[23] Sie ist ein stark umstrittenes Kriterium.[24] Aus idealistischer Sicht soll die Berichterstattung objektiv und faktenorientiert sein.[25] Objektivität ist im Journalismus jedoch nie erreichbar, denn „jede Beobachtung eines Ereignisses und jede Berichterstattung darüber ist zwangsläufig subjektiv, selektiv und perspektivenabhängig."[26] Neuberger und Kapern resultieren aus dieser Problematik, dass Objektivität als eine Zielmarke verstanden werden soll, der es sich anzunähern gilt.[27] La Roche vertritt ebenfalls die Ansicht, dass Objektivität im Journalismus nicht erreichbar ist und diskutiert deshalb was ein Journalist leisten kann und muss, und was nicht.[28] Dabei positioniert La Roche sich klar gegen das Format des Kommentars.[29] Meinungen und Kommentare fließen laut ihm meist unbeabsichtigt in Nachrichten ein, deshalb sollte der Wortwahl besondere Beachtung geschenkt werden.[30] Ein plötzlich auftretender Streik kann laut La Roche mit zwei Begriffen treffend beschrieben werden:[31] „wilder Streik und spontane Arbeitsniederlegung."[32] Der erste Begriff wird beim Leser wenig Sympathie erzeugen, wohingegen der zweite fortschrittlich und dynamisch wirkt.[33]

Die vorliegende Arbeit legt den Fokus auf die negativen, wertenden Wörter, die im Gegensatz zu den positiven dramatisierender wirken. *Dramatisieren* bedeutet, „etwas aufregender, schlimmer oder bedeutungsvoller darstellen, als es eigentlich ist."[34] Auch positiv polare Wörter können dramatisierend wirken, indem sie Ereignisse zwar nicht *schlimmer*, aber *aufregender*

---

[23] Vgl. Neuberger und Kapern, *Grundlagen des Journalismus*. S. 146f.
[24] Vgl. Vgl. Neuberger und Kapern. S. 146.
[25] Vgl. Mast, *ABC des Journalismus*. S. 268.; Vgl. Neuberger und Kapern, *Grundlagen des Journalismus*. S. 146.
[26] Neuberger und Kapern, *Grundlagen des Journalismus*. S. 159.
[27] Vgl. Vgl. Neuberger und Kapern. S. 159.
[28] Vgl. Von La Roche, Meier, und Hooffacker, *La Roches Einführung in den Journalismus*. S 102.
[29] Vgl. Von La Roche, Meier, und Hooffacker. S. 104.
[30] Vgl. Von La Roche, Meier, und Hooffacker. S. 104, 106.
[31] Vgl. Von La Roche, Meier, und Hooffacker. S. 105.
[32] Von La Roche, Meier, und Hooffacker. S. 105f.
[33] Vgl. Von La Roche, Meier, und Hooffacker. S. 106.
[34] Dudenredaktion, „dramatisieren", in *Duden online*, o.J., https://www.duden.de/rechtschreibung/dramatisieren.

oder *bedeutungsvoller* darstellen. Zum Beispiel in dem Satz *Die Öffnung der Freibäder ist die schönste Nachricht des ganzen Sommers.* Die positiv polaren, dramatisierenden Adjektive wurden in dieser Arbeit nicht ausgewertet, da sie sich unabhängig vom Kontext nicht einordnen lassen.

Es stellt sich die Frage, weshalb Journalisten dramatisierende Wörter verwenden, obwohl diese offensichtlich nicht mit der *Objektivitätsnorm* vereinbar sind. Neuberger und Kapern erklären dies anhand eines Beispiels aus der Berichterstattung der dpa: „Der Begriff ,Streit' hat einen negativen Beiklang […]. Es ist ein für Journalisten überaus attraktives Wort, das den beschriebenen Sachverhalt mit einer Spur Dramatik würzt, ein möglicherweise ansonsten langweiliges Ereignis ein wenig hochjazzt."[35]

Operationalisiert wurden die Dramatisierungen in der vorliegenden Arbeit, indem die Polaritätswerte der Adjektive mit einer Sentiment-Analyse ermittelt wurden. *Polaritätswerte* geben an, ob eine textuelle Einheit eine positive, negative oder neutrale Stimmung zum Ausdruck bringt.[36] Sie können Werte im Bereich [-1, 1] annehmen, wobei -1 eine besonders negative und +1 eine besonders positive Stimmung ausdrückt. Anhand der Polaritätswerte wurden stark polar positive und negative Adjektive rausgefiltert. Als Schwellenwert für stark polar positive Wörter wurde größer / gleich 0.7 und für besonders stark polar negative Wörter kleiner / gleich -0.7 festgelegt. Die Analyse wurde in der vorliegenden Arbeit auf Adjektive beschränkt. Substantive und Verben können ebenfalls Stimmungen vermitteln, laut Liu sind die meisten Sentiment Wörter jedoch Adjektive.[37]

Für die Operationalisierung der Fragestellung legt die Autorin drei Annahmen zugrunde:

1. Stark polar negative Adjektive vermitteln beim Leser eine negative Stimmung,[38] wirken dramatisierend und stehen einer objektiven Berichterstattung entgegen.

2. Stark polar positive Adjektive vermitteln beim Leser eine positive Stimmung.[39] Sie wirken in Einzelfällen ebenfalls dramatisierend, stehen einer objektiven Berichterstattung aber meist entgegen, da sie bagatellisierend wirken, d.h. die Geschehnisse verharmlosen.[40]

3. Neutrale oder schwach polare Adjektive lösen beim Leser keine Stimmung aus[41] und stehen einer objektiven Berichterstattung nicht entgegen.

[35] Neuberger und Kapern, *Grundlagen des Journalismus.* S. 152f.
[36] Vgl. Albin Zehe u. a., „Towards Sentiment Analysis on German Literature", in *KI 2017: Advances in Artificial Intelligence*, hg. von Gabriele Kern-Isberner, Johannes Fürnkranz, und Matthias Thimm, Lecture Notes in Computer Science (Cham: Springer International Publishing, 2017), 387–94. S. 388.
[37] Vgl. Liu, *Sentiment Analysis and Opinion Mining.* S. 32.
[38] Vgl. Zehe u. a., „Towards Sentiment Analysis on German Literature". S. 388.
[39] Vgl. Zehe u. a. S. 388.
[40] Vgl. Dudenredaktion, „bagatellisieren" (Duden online, o.J.), https://www.duden.de/rechtschreibung/bagatellisieren.
[41] Vgl. Zehe u. a., „Towards Sentiment Analysis on German Literature". S. 388.

4. Eine hohe Frequenz an Adjektiven im Verhältnis zur Korpuslänge lässt auf Dramatisierungstendenzen schließen. Laut La Roche sollten Adjektive in der objektiven Berichterstattung grundsätzlich mit Bedacht benutzt werden, da sie oft unbeabsichtigt Wertungen einbringen.[42]

Anhand der vier genannten Annahmen wurde die Fragestellung der Arbeit operationalisiert und in Python implementiert.

2.3 Erläuterung des Python-Skripts und Beschreibung der Methoden

2.3.1 Vorverarbeitung der Korpora mit der Python-Bibliothek *spaCy*

Die Vorverarbeitung von Texten ist wesentlicher Bestandteil jedes NLP-Systems, denn die hierbei identifizierten Zeichen und Wörter bilden die grundlegenden Einheiten für alle weiteren Verarbeitungsstufen.[43] In dieser Arbeit wurde die Vorverarbeitung mit der Python-Bibliothek *spaCy* durchgeführt. Diese Bibliothek enthält verschiedene linguistische Algorithmen zur Verarbeitung natürlichsprachlicher Texte.[44] *spaCy* wurde gewählt, da sie die führende Open-Source Bibliothek für NLP in Python ist[45] und sich die drei für diese Arbeit relevanten, im Folgenden definierten, NLP-Aufgaben in *spaCy* einfach umsetzen lassen.

Tokenisieren bezeichnet das Zerlegen eines Satzes in seine Tokens, d.h. in Wörter, Zahlen oder Satzzeichen.[46] Bei der *Lemmatisierung* werden die Tokens in ihre Grundform umgewandelt.[47] *POS-Tagging* ist „die Zuweisung von Wortartenlabels, die man als Part-of-Speech-Tags [...] bezeichnet, zu einzelnen Items im Korpus."[48] Grundlage für die Zuweisung sind Tagsets, die sich in der Anzahl der Tags und der Strukturierung unterscheiden.[49] Der deutsche POS-Tagger in *spaCy* verwendet das Annotationsschema *TIGER Treebank*,[50] das mit geringfügigen Abweichungen das *Stuttgart-Tübingen-Tagset (STTS)* verwendet.[51] Das *STTS* gliedert die Wortformen des Deutschen in elf Hauptwortformen und fügt diesen Unterkategorien hinzu.[52]

---

[42] Vgl. Von La Roche, Meier, und Hooffacker, *La Roches Einführung in den Journalismus*. S. 107.
[43] Vgl. David D. Palmer, „Text Preprocessing", in *Handbook of Natural Language Processing*, hg. von Nitin Indurkhya und Fred J. Damerau, 2. ed. (Boca Raton, Fla. [u.a.]: CRC/ Taylor & Francis, 2010), 9–30. S. 9.
[44] Vgl. Yuli Vasiliev, *Natural Language Processing with Python and SpaCy: A Practical Introduction* (No Starch Press, 2020). S. 20.
[45] Vgl. Vasiliev. S. 27.
[46] Vgl. Vasiliev, *Natural Language Processing with Python and SpaCy 2020*. S. 52.
[47] Vgl. Vasiliev. S. 52.
[48] Swantje Westpfahl, *POS-Tagging für Transkripte gesprochener Sprache: Entwicklung einer automatisierten Wortarten-Annotation am Beispiel des Forschungs- und Lehrkorpus Gesprochenes Deutsch (FOLK)* (Tübingen: Narr Francke Attempto, 2020). S. 13.
[49] Vgl. Westpfahl. S. 13.
[50] Vgl. „Annotation Specifications. Schemes Used for Labels, Tags and Training Data.", spaCy API Documentation, zugegriffen 19. August 2020, https://spacy.io/api/annotation.
[51] Vgl. George Smith, „A Brief Introduction to the TIGER Treebank, Version 1" (Universität Potsdam, 2003). S. 2.
[52] Vgl. Smith. S. 2.

Zu Beginn der Implementierung wurde *spaCy* importiert, die drei Korpora eingelesen und mit einer For-Schleife über sie iteriert. Diese Schritte sind im Code in den Kommentaren zu a.1 sowie b.1 bis b.3 ausführlich erläutert.

Als erste Operation wurden die Korpora tokenisiert (c.2). Die Tokenisierung ist typischerweise die erste Aktion jeder NLP-Anwendung, da alle anderen Operationen voraussetzen, dass bereits Tokens vorhanden sind.[53] Anschließend wurde die Anzahl der Tokens pro Korpus berechnet. Diese Zahl wird zur Berechnung der relativen Häufigkeiten in der Sentiment-Analyse benötigt.

Als zweite Operation wurden die Adjektive mit dem POS-Tag *ADJ* herausgefiltert und ihre Lemmata in einer Liste pro Korpus ausgegeben (c.3). Das POS-Tagging eignet sich für diese Aufgabe, da in der Sentiment-Analyse nur Adjektive analysiert werden und diese so effizient herausgefiltert werden können. Die Lemmatisierung ist notwendig, damit *textblob-de* bei der Sentiment-Analyse auch die Worte erkennt, die nicht in ihrer Grundform sind.

Anschließend wurde die Anzahl der Adjektive pro Korpus ermittelt und deren Anteil an der Gesamtanzahl der Tokens pro Korpus berechnet (c.4). Diese Zahl wird benötigt, um Aussagen über die Gesamtfrequenz der Adjektive machen zu können. Nach erfolgreicher Vorverarbeitung der Daten kann die Sentiment-Analyse durchgeführt werden.

2.3.2 Sentiment-Analyse mit der Python-Bibliothek *textblob-de*

Die Sentiment-Analyse bezeichnet die computergestützte Untersuchung von Stimmungen, die in Texten zum Ausdruck kommen.[54] Grundlage dafür bilden *Sentiment Lexika*, die aus *Sentiment Wörtern* bestehen, d.h. Wörter, die häufig verwendet werden, um positive oder negative Gefühle auszudrücken.[55] Die zu analysierenden Daten werden mit den *Sentiment Lexika* abgeglichen und auf das Vorkommen von *Sentiment Wörtern* untersucht.[56] Die Analyse kann auf verschiedenen Ebenen durchgeführt werden, im akademischen Bereich wird sie meist auf Dokumentebene, Satzebene oder Ebene des Aspekts durchgeführt.[57]

Die Klassifikation auf Dokumentebene verfolgt das Ziel, die allgemeine Stimmung eines Textes als positiv, negativ oder neutral zu klassifizieren.[58] Es wird davon ausgegangen, dass ein Dokument nur Meinungen zu einer Entität zum Ausdruck bringt.[59] Die Autorin erachtet diesen

---

[53] Vgl. Vasiliev, *Natural Language Processing with Python and SpaCy*. S. 52.
[54] Vgl. Liu, „Sentiment Analysis and Subjectivity". S. 629.
[55] Vgl. Liu, *Sentiment Analysis and Opinion Mining*. S. 12.
[56] Vgl. Liu, „Sentiment Analysis and Subjectivity". S. 90.
[57] Vgl. Liu, *Sentiment Analysis and Opinion Mining*. S. 10.
[58] Vgl. Liu, „Sentiment Analysis and Subjectivity". S. 628.
[59] Vgl. Liu, *Sentiment Analysis and Opinion Mining*. S. 11.

Ansatz für die vorliegende Arbeit als ungeeignet, da Zeitungsartikel sich selten auf einzelne Entitäten beziehen.

Auf Satzebene wird die Stimmung jedes Satzes als positiv, negativ oder neutral klassifiziert.[60] Mit dieser Art der Analyse können Dokumente differenzierter untersucht werden. Der Ansatz ist zur Analyse von Zeitungsartikeln geeignet, wird aber in Bezug auf die Fragestellung nicht als zielführend erachtet, da er nicht die dramatisierenden Adjektive als Output liefert.

Bei der Sentiment-Analyse auf Ebene des Aspekts werden zunächst die Ziele ermittelt, zu denen Meinungen in einem Satz geäußert wurden und anschließend bestimmt, ob diese Meinungen positiv, negativ oder neutral sind.[61] Dieser Arbeitsansatz ermöglicht eine differenziertere Analyse als die vorherigen, ist aber in der Durchführung komplexer und würde den Rahmen dieser Hausarbeit überschreiten.

Die Sentiment-Analyse wurde in der vorliegenden Ausarbeitung auf Wortebene durchgeführt. Der Ansatz wird in der Praxis selten eingesetzt und ist laut Liu meist ungeeignet.[62] Bei dieser Fragestellung eignet er sich jedoch, weil er als einziger die dramatisierenden Adjektive als Output liefert.

Neben den genannten Ebenen umfasst die Sentiment-Analyse zwei weitere zentrale Aspekte. Zum einen die *Subjectivity Analysis,* bei der einer textuellen Einheit ein Subjektivitätswert zugewiesen wird, der angibt, ob die Einheit einen subjektiven oder objektiven Charakter hat.[63] Zum anderen die *Polarity Analysis,* bei der einer textuellen Einheit ein Polaritätswert gegeben wird, der beschreibt, ob eine positive, negative oder neutrale Stimmung zum Ausdruck gebracht wird.[64] In dieser Arbeit wurden die Subjektivitätswerte nicht ausgewertet, obwohl Objektivierungen ein zentraler Aspekt der Fragestellung sind. Grund hierfür ist, dass die vorliegende Arbeit Wörter ermitteln soll, die beim Leser dramatisierend wirken, indem sie negative Stimmungen vermitteln. Stimmungen können laut Liu aber auch in objektiven Sätzen impliziert werden.[65] Im Gegensatz dazu gibt es auch subjektive Sätze, die keine Stimmungen vermitteln.[66]

Für die Implementierung der Sentiment-Analyse wurde die deutsche Erweiterung *textblob-de* der englischsprachigen NLP-Bibliothek *TextBlob* gewählt.[67] Viele Funktionen in *textblob-de*

---

[60] Vgl. Liu, „Sentiment Analysis and Subjectivity". S. 628.; Liu, *Sentiment Analysis and Opinion Mining.* S. 11.
[61] Vgl. Liu, „Sentiment Analysis and Subjectivity". S. 628.; Liu, *Sentiment Analysis and Opinion Mining.* S. 11.
[62] Vgl. Liu, *Sentiment Analysis and Opinion Mining.* S. 12.
[63] Vgl. Liu, „Sentiment Analysis and Subjectivity". S. 628.
[64] Vgl. Zehe u. a., „Towards Sentiment Analysis on German Literature". S. 388.
[65] Vgl. Liu, *Sentiment Analysis and Opinion Mining.* S. 11, 27.
[66] Vgl. Liu. S. 11, 27.
[67] Vgl. Markus Killer, „Textblob-de Documentation, Release 0.4.4a1", 2019, https://readthedocs.org/projects/textblob-de/downloads/pdf/latest/. S. 1.

befinden sich im Entwicklungsstadium. Die Sentiment-Analyse liefert aktuell noch keine Subjektivitäts-Werte und das verwendete Polaritätslexikon enthält nur unflektierte Formen.[68] Die Bibliothek wurde gewählt, da sie eine einfach Programmierschnittstelle für die Sentiment-Analyse bietet.[69] Die fehlenden Subjektivitätswerte sind für diese Arbeit nicht relevant. Die unflektierten Formen stellen kein Problem dar, da die Adjektive vorab lemmatisiert wurden.

Zu Beginn der Implementierung wurde *textblob-de* importiert (a.3). Als Input für die Sentiment-Analyse wurde in c.3 bereits eine Liste mit den Lemmata aller Adjektive erstellt. Diese Liste wurde in einen String umgewandelt, da *textblob-de* nicht mit Listen als Input arbeiten kann (d.1). Dabei wurden die Adjektive mit einem Punkt voneinander getrennt und so *Sätze* erzeugt. Grund für diesen Workaround ist, dass es in *textblob-de* keine Möglichkeit gibt, Sentiment-Analysen auf Wortebene durchzuführen. Es wird davon abgeraten, diese Methode in anderen Kontexten zu verwenden, da sie zu ungenauen Ergebnissen führen könnte.

Zur Berechnung der Anzahl stark polar positiver, negativer und neutraler Adjektive wurden drei Listen mit Tupeln, bestehend aus Adjektiven und dazugehörigen Polaritätswerten, erstellt. Die Inhalte dieser Listen wurden mit einer if-Bedingung jeweils auf die in 2.2 definierten Schwellenwert-Bereiche der Polaritätswerte begrenzt. Daraus entsteht jeweils eine Liste mit allen stark polar positiven, negativen und neutralen Adjektiven. (d.2). Aus den drei Listen wurde die Anzahl der positiven, neutralen und negativen Adjektive ermittelt, indem die Listeneinträge gezählt wurden (d.3). Abschließend wurde ihr Anteil an der Gesamtanzahl der Tokens pro Korpus in Prozent berechnet (d.4).

---

[68] Vgl. Killer. S. 5.
[69] Vgl. Killer. S. 1.

3. Durchführung der Sentiment-Analyse

3.1 Auswertung und Interpretation der Ergebnisse

Quantitative Analyse

Tabelle 1: Ergebnisse der Sentiment-Analyse in Python (Eigene Darstellung)

	Anteil positiver Adjektive relativ zur Korpuslänge	Anteil neutraler Adjektive relativ zur Korpuslänge	Anteil negativer Adjektive relativ zur Korpuslänge	Gesamtanteil Adjektive relativ zur Korpuslänge
K1	1.2509 %	6.0981 %	0.4089 %	8.0948 %
K2	1.2200 %	4.9538 %	0.4067 %	6.8762 %
RK	1.0579 %	5.9082 %	0.5788 %	7.9341 %

Die Verteilung der positiven, negativen und neutralen Adjektive ist in K1 und K2 ähnlich. Der Anteil neutraler Adjektive überwiegt mit 6.0981 Prozent in K1 und 4.9538 Prozent in K2 in beiden Subkorpora deutlich. Der Anteil positiver Adjektive fällt mit 1.2509 Prozent in K1 und 1.2200 Prozent in K2 in beiden Korpora geringer aus. Negative Adjektive gibt es mit 0.4089 Prozent in K1 und 0.4067 Prozent in K2 in beiden Subkorpora am wenigsten. Ein Vergleich der Ergebnisse mit dem RK zeigt, dass auch hier die Verteilung der positiven, negativen und neutralen Adjektive ähnlich ist. Der Anteil neutraler Adjektive ist im RK mit 5.9082 Prozent am höchsten, der Anteil positiver Adjektive ist mit 1.0579 Prozent geringer und der Anteil negativer Adjektive mit 0.5788 Prozent am geringsten. Dieser Vergleich zeigt auf, dass die Artikel zu COVID-19 sich in der Verteilung der positiven, neutralen und negativen Adjektive nicht von der Verteilung in der Berichterstattung zu anderen Themen unterscheiden.

Der für diese Arbeit zentrale Anteil negativer Adjektive ist in K1 mit 0.4089 Prozent um 0.0022 Prozent höher als in K2 mit 0.4067 Prozent. Im RK ist der Anteil negativer Adjektive mit 0.5788 Prozent um mehr als 0.1 Prozent höher als in den Subkorpora. Aufgrund des mathematisch zu vernachlässigenden Unterschiedes der Anteile negativer Adjektive zwischen K1 und K2 und dem höheren Anteil negativer Adjektive im RK ist anzunehmen, dass in der Berichterstattung über COVID-19 nicht durch den häufigen Einsatz negativ polarer Adjektive Dramatisierungen geschaffen wurden. Die zweite Hypothese, dass die *ZEIT ONLINE* zu Beginn der Pandemie in Relation zur Textlänge mehr wertende, negativ polare Adjektive in der Berichterstattung über COVID-19 einsetzt als in der Berichterstattung Anfang Juli, wurde nicht bestätigt. Die Nullhypothese hat sich bestätigt. Es gibt keinen, bzw. einen mathematisch vernachlässigbaren, Unterschied zwischen den zwei Subkorpora.

Im Gegensatz dazu zeigt der Vergleich der Gesamtanteile der Adjektive, dass der Anteil in K1 mit 8.0948 Prozent um mehr als ein Prozent höher ist als in K2 mit 6.8762 Prozent. Zur

Einschätzung der Effektstärke wurde mit dem RK abgeglichen. Der Gesamtanteil an Adjektiven liegt im RK mit 7.9341 Prozent zwischen K1 (8.0948 Prozent) und K2 (6.8762 Prozent). Aufgrund des Unterschiedes zwischen den beiden Subkorpora und der Gegebenheit, dass der Gesamtanteil der Adjektive in K1 (8.0948 Prozent) höher ist als im RK (7.9341 Prozent), wurde die erste Hypothese bestätigt werden: Die *ZEIT ONLINE* setzt zu Beginn der Pandemie in Relation zur Textlänge mehr Adjektive in der Berichterstattung über COVID-19 ein als in der Berichterstattung Anfang Juli.

Qualitative Analyse

Im Rahmen der qualitativen Analyse wurde ausgewertet, welche negativ polaren Wörter verwendet wurden und inwiefern diese auf den Leser dramatisierend wirken. Die Auswertungen basieren auf einem Vergleich der Ergebnisse der Sentiment-Analyse mit einer Lese-Analyse der Autorin. Es sei darauf hinzuweisen, dass die Lese-Analyse subjektiv ist.

In beiden Subkorpora wirken die Mehrheit der negativen Adjektive in Bezug auf die COVID-19 Berichterstattung dramatisierend. Als dramatisierend wurden von der Autorin diejenigen Adjektive eingestuft, die sich durch ein neutraleres Adjektiv hätten ersetzen lassen. Einige der dramatisierenden Wörter kamen mehrfach zum Einsatz, zum Beispiel *drastisch* (2x), *gespenstisch* (2x), *furchtbar* (2x) oder *absurd* (2x). Weitere Adjektive, die als besonders dramatisierend eingestuft wurden, waren *besorgniserregend, knallhart* oder *beklemmend*.

Neben den dramatisierenden Adjektiven gab es in beiden Korpora einige Adjektive, die zwar korrekt als negativ polare Adjektive eingeordnet wurden, in Bezug auf die Berichterstattung über COVID-19 aber nicht unbedingt dramatisierend wirken. Wörter wie *infizieren* (2x), *anstecken* oder *anfällig* sind eindeutig negativ polar, lassen sich aber in dem Kontext nicht durch andere, neutralere Wörter ersetzen. Dies lässt sich mit La Roches Theorie vereinen, laut der es Fälle gibt, in denen „kein absolut wertneutraler Begriff zur Verfügung steht."[70]

Neben den beiden beschrieben Wortgruppen gab es in K1 und K2 Adjektive, deren Wirkung unabhängig von ihrer Stellung im Satz nur schwer eingeschätzt werden kann. Das mehrfach vorkommende, negativ polare Adjektiv *negativ* vermittelt zum Beispiel in dem folgenden Satz eine positive Stimmung: *Mein Corona-Test war negativ.*

Auch im RK wirkt die Mehrheit der negativen Adjektive dramatisierend, wie zum Beispiel *grausam, erbittert, unerträglich* oder *brutal*. Die Gegebenheit, dass auch im RK zahlreiche dramatisierende Wörter zu finden sind, bestätigt die Ergebnisse der quantitativen Auswertung: In der Berichterstattung über COVID-19 lassen sich aufgrund von wertenden, negativ polaren

---

[70] Von La Roche, Meier, und Hooffacker, *La Roches Einführung in den Journalismus*. S. 106.

Adjektiven keine Dramatisierungstendenzen nachweisen, bzw. keine stärkeren als generell in der journalistischen Praxis.

3.2 Kritische Reflexion

Die Erkenntnisreichweite der Modellierung und der erhaltenen Daten ist stark eingeschränkt. Hierfür gibt es vier Hauptgründe, die im Folgenden diskutiert werden.

Schwächen der Sentiment-Analyse auf Wortebene

Die Sentiment-Analyse ist laut Liu zu komplex, um sie auf Wortebene durchführen zu können.[71] Ein Problem ist, dass ein positives oder negatives Sentiment Wort je nach Kontext entgegengesetzte Polaritäten haben.[72] Zum Beispiel vermittelt das positiv polare Adjektiv *positiv* nicht in allen Kontexten eine positive Stimmung: *Mein AIDS-Test ist positiv.*

Zudem transportieren in einem Satz enthaltene Sentiment Wörter nicht zwingend Stimmungen.[73] Dieses Phänomen tritt häufig in Frage- oder Konditionalsätzen auf.[74] Der Konditionalsatz *Wenn Sie nach Frankreich fahren, können Sie sich mit dem gefährlichen Virus infizieren.* vermittelt zum Beispiel keine Stimmung, obwohl er das Sentiment Wort *gefährlich* enthält.[75]

Ein weiteres, für diese Arbeit zentrales Problem ist, dass Negationen bei der Analyse auf Wortebene verloren gehen. Bei der Sentiment-Analyse auf den anderen genannten Ebenen werden Negationen berücksichtigt, indem bei der Klassifizierung sogenannte *sentiment shifter*, zu denen auch Negationswörter gehören, identifiziert und angewendet werden.[76] *Sentiment shifter* sind Ausdrücke, mit denen die Stimmungsorientierung geändert werden kann.[77] Zum Beispiel drückt der Satz *Die Corona-Situation entwickelt sich nicht gut.* mit dem positiv polaren Adjektiv *gut* durch den *sentiment shifter nicht* eine negative Stimmung aus. Selbst die Berücksichtigung der *sentiment shifter* führt nicht immer zu korrekten Ergebnissen, denn nicht jedes Vorkommen solcher Wörter bedeutet eine Stimmungsumwandlung.[78]

Des Weiteren können sarkastische oder ironische Sätze auf Wortebene nicht verarbeitet werden. Der Satz *Freibäder und Freizeitparks bleiben weiterhin geschlossen – was für ein*

---

[71] Vgl. Liu, „Sentiment Analysis and Subjectivity". S. 12.
[72] Vgl. Liu. S. 12.
[73] Vgl. Liu. S. 12.
[74] Vgl. Liu. S. 12.
[75] Vgl. Markus Killer, „De-Sentiment.Xml", GitHub, 2014, https://github.com/markuskiller/textblob-de/blob/dev/textblob_de/data/de-sentiment.xml.
[76] Vgl. Liu, „Sentiment Analysis and Subjectivity". S. 32, 60.
[77] Vgl. Liu. S. 32.
[78] Vgl. Liu. S. 32.

schöner Sommer! enthält zwar das positiv polare Adjektiv *schön*, vermittelt aufgrund der Ironie aber keine positive Stimmung. Dieser Punkt stellt für die vorliegende Arbeit kein Problem dar, da Ironie und Sarkasmus in der tatsachenorientierten Berichterstattung untypisch sind.

Schwächen der Sentiment-Analyse in Bezug auf diese Arbeit

Wie bei der qualitativen Auswertung gezeigt, gibt es in der Berichterstattung Wörter, die negativ oder positiv polar sind, im jeweiligen Kontext aber keine Stimmungen vermitteln, da es für sie keine wertneutrale Alternative gibt.[79] Diese Wörter verfälschen die quantitative Auswertung. In den meisten Fällen waren dies Adjektive mit einer Polarität von 0.7 oder -0.7. Ein Lösungsansatz wäre, die Schwellenwerte zu ändern und Wörter mit einer Polarität von 0.7 oder -0.7 noch zu den neutralen Wörtern zu zählen.

Ferner stellt sich die Frage, welches Sentiment-Niveau für welche Art von Text ‚normal' ist. Das RK enthält relativ viele negativ polare Adjektive. Dies steht in Zusammenhang mit der jeweiligen Thematik der Berichterstattung. Negative Themen dominieren in der Berichterstattung, da sie mehr Aufmerksamkeit erhalten als positive.[80] Es stellt sich die Frage, weshalb in den Artikeln über COVID-19 im Verhältnis weniger negativ polare Adjektive gefunden wurden, obwohl es ebenfalls ein negatives Thema ist. Wie aus einem Artikel der *ZEIT ONLINE* über die COVID-19 Berichterstattung deutlich wird, scheint die *ZEIT ONLINE* bei diesem sensiblen Thema bewusst darauf geachtet zu haben, so objektiv wie möglich zu berichten: „[…] Journalismus in Krisenzeiten verlangt das Kunststück der Paradoxiebewältigung: Es gilt zu erklären und einzuordnen, was sich noch gar nicht richtig erklären und einordnen lässt. Und es gilt, kritische Distanz zu wahren, auch wenn man selbst gerade fortgerissen wird von den Ereignissen oder der eigenen Angst."[81]

Schwächen des Untersuchungsdesigns im Allgemeinen

Um allgemeingültige Aussagen machen zu können, wären größere Korpora sowie das Durchführen eines Signifikanztestes notwendig gewesen. Dies hätte den Rahmen der vorliegenden Arbeit überschritten. Ein Vergleich mit einem Referenzkorpus genügt im Rahmen dieser Ausarbeitung, um Dramatisierungstendenzen zu untersuchen. Alternativ hätten die Texte auch mit den kleinen Korpora einzeln in das Programm eingelesen, daraus die Mittelwerte berechnet und ein Signifikanztest durchgeführt werden können. Dieser wäre bei der kleinen

---

[79] Vgl. Von La Roche, Meier, und Hooffacker, *La Roches Einführung in den Journalismus*. S. 106.
[80] Vgl. Neuberger und Kapern, *Grundlagen des Journalismus*. S. 27.
[81] Marc Brost und Bernhard Pörksen, „Corona-Berichterstattung: Die Kartografie der Lebenswirklichkeit", *Die Zeit 16/2020*, 13. April 2020, Abschn. Gesellschaft, https://www.zeit.de/2020/16/coronavirus-berichterstattung-journalismus-information/komplettansicht.

Korpusgröße jedoch nur bedingt aussagekräftig gewesen. Des Weiteren hätte die Lese-Analyse für allgemeingültige Ergebnisse anstatt von der Autorin von einer dritten Person durchgeführt werden müssen.

Schwächen des entwickelten Programmes und der dafür verwendeten Bibliotheken

Die Tokenisierung mit *spaCy* hat zu korrekten Ergebnissen geführt. Probleme traten erst beim POS-Tagging und bei der Lemmatisierung auf. Die Adjektive wurden beim POS-Tagging zwar alle erkannt, bei der Lemmatisierung aber zum Teil in Verben umgewandelt. So wurde aus dem Adjektiv *bestimmt* das Verb *bestimmen*. Grund für die falsche Zuordnung der Lemmata könnte sein, dass diese Adjektive zugleich Konjugationsformen der dazugehörigen Verben sind. Für die spätere Sentiment-Analyse stellt dies kein Problem dar, da die Verben zu derselben Wortfamilie gehören und deshalb in den meisten Fällen denselben Polaritätswert haben.

Ferner wurden beim POS-Tagging neben den Adjektiven auch Zahlen und Punkte als Adjektive deklariert. Die Gesamtanzahl der Adjektive wurde so verfälscht, da es in den Artikeln einige Punkte und Zahlen gibt. Für die Sentiment-Analyse stellen die falsch zugeordneten Punkte kein Problem dar, denn sie erhalten keinen Polaritätswert und zählen nicht. Die falsch zugeordneten Zahlen wurden bei der Sentiment-Analyse jedoch der Gruppe neutraler Adjektive zugeordnet und verfälschen so die Anzahl neutraler Adjektive. Diese Problematik liegt in den Schwächen des POS-Tagging mit *spaCy* begründet. Eine Lösungsvariante wäre gewesen, das POS-Tagging mit einer anderen Bibliothek durchzuführen. Alternativ hätten die Korpora in einem Vorverarbeitungsschritt von Zahlen und Satzzeichen bereinigt werden können. Diese Lösungsvariante kann nur bei einer Sentiment-Analyse auf Wortebene angewandt werden, denn bei einer Analyse auf Satzebene sind Satzzeichen notwendig, um die Grenzen zwischen den Sätzen zu erkennen.

Die Sentiment-Analyse mit *textblob-de* hat zuverlässig funktioniert. Dennoch hat ein Vergleich der statistischen Analyse mit der Leseanalyse gezeigt, dass die Zuordnung der Polaritätswerte im Kontext der COVID-19 Berichterstattung nicht immer passend war. Diese Ungenauigkeit liegt nicht in der Zuverlässigkeit des Programmes, sondern in dem von *textblob-de* verwendeten Polaritätslexikon begründet. *textblob-de* verwendet das deutsche Sentiment Lexikon *German Polarity Lexikon*, das von Klenner et al. manuell kuratiert wurde.[82] Es enthält Wortpolaritäten und Polaritätsstärkewerte von 8.000 Substantiven, Verben und Adjektiven.[83] Die Zuordnungen

---

[82] Vgl. Simon Clematide und Manfred Klenner, „Evaluation and extension of a polarity lexicon for german", *WASSA 2010 - Proceedings of the First Workshop on Computational Approaches to Subjectivity and Sentiment Analysis*, 2010, 7–13, http://gplsi.dlsi.ua.es/congresos/wassa2010/fitxers/WASSA2010_Proceedings_.pdf. S. 7.
[83] Vgl. Clematide und Klenner. S. 7.

der Polaritätswerte wurden zum Großteil mit den Synsets von *GermaNet* getroffen.[84] *GermaNet* ist ein maschinenlesbares, lexikalisch-semantisches Netz der deutschen Sprache, das von der Universität Tübingen betrieben wird.[85] Es enthält für jedes Wort prioritäre Polaritäten positiv oder negativ und die Polaritätsstärken niedrig, mittel und hoch.[86] Für das Polaritätslexikon wurden die Polaritätsstärken in die Werte -1, -0.7, 0.0, 0.7 und 1.0 umgewandelt. Dieses Lexikon passt nicht optimal zum Untersuchungskorpus. Die von *textblob-de* verwendete Version 1.1 des Lexikons enthält zu wenig Adjektive, wie Clematide und Klenner in einer Auswertung zu deutschen Romanen aufgezeigt haben.[87] Dies zeigte sich auch in dem entwickelten Programm. Im K1 wurde nur 756 der 795 Adjektive ein Polaritätswert zugeordnet, im K2 645 von 673 und im RK 356 von 372. Hier ist jedoch zu berücksichtigen, dass unter den Adjektiven ohne Polarität auch die fälschlicherweise als Adjektive klassifizierten Punkte sind. Zudem ist das Problem bei prioritären Polaritäten, dass sie kontextuell außer Kraft gesetzt werden können, d.h. neutralisiert oder sogar umgekehrt werden können.[88] Außerdem können Ironie, Doppelbedeutungen oder Negationen unabhängig vom Kontext nicht interpretiert werden. Dies ist jedoch ein generelles Problem bei der Sentiment-Analyse auf Wortebene und hat weniger mit dem hier verwendeten Lexikon zu tun.

---

[84] Vgl. Clematide und Klenner. S. 7.
[85] Vgl. „GermaNet - An Introduction", Eberhard Karls Universität Tübigen, zugegriffen 21. September 2020, https://uni-tuebingen.de/en/142806.
[86] Vgl. Clematide und Klenner, „Evaluationand extension of a polarity lexicon for german". S. 7.
[87] Vgl. Clematide und Klenner. S. 7.
[88] Vgl. Clematide und Klenner. S. 7.

4. Fazit

In der vorliegenden Arbeit wurde eine Sentiment-Analyse operationalisiert mit dem Ziel, Dramatisierungstendenzen in der COVID-19 Berichterstattung zu untersuchen. Konkret sollte die Frage beantwortet werden, ob die *ZEIT ONLINE* zu Beginn der Pandemie durch den vermehrten Einsatz wertender, negativ konnotierter Adjektive stärker dramatisierend und später stärker objektivierend über COVID-19 berichtete.

Zusammenfassend lässt sich sagen, dass sich in der Berichterstattung über COVID-19 der *ZEIT ONLINE* weder zu Beginn der Pandemie noch später Dramatisierungstendenzen finden lassen, die durch den besonders häufigen Einsatz negativ polarer, wertender Adjektive geschaffen wurden. Die qualitative Auswertung hat zwar gezeigt, dass die eingesetzten, negativ polaren Adjektive dramatisierend wirken, ihr Anteil war im Vergleich zum RK jedoch nicht auffallend hoch. Hier sei darauf hingewiesen, dass das Sentiment-Niveau auch in der objektiven Berichterstattung nicht bei null liegen kann, da es eine vollkommen objektive Berichterstattung nicht gibt. Lediglich die höhere Gesamtfrequenz an Adjektiven zu Beginn der Pandemie deutet dezente Dramatisierungstendenzen an.

Die Gültigkeit der Ergebnisse ist aufgrund Schwächen der Sentiment-Analyse, des entwickelten Programmes, sowie der Korpusgröße und des fehlenden Signifikanztests einzuschränken. Die Sentiment-Analyse wurde ungeachtet der genannten Schwächen als geeignet erachtet, um die Fragestellung dieser Arbeit zu operationalisieren. Die Problematik, dass es für manche Sentiment Wörter keine neutrale Alternative gibt, könnte in Folgearbeiten umgangen werden, indem die Schwellenwerte der neutralen Adjektive auf 0.7 und -0.7 angehoben werden. Auch die Frage nach dem angemessenen Sentiment-Niveau stellt kein Problem dar. Bei der Auswertung sollte im Blick behalten werden, dass es eine vollkommen objektive Berichterstattung nicht gibt und das Sentiment-Niveau entsprechend angehoben werden.

Die Analyse auf Wortebene wurde trotz der genannten Schwächen ebenfalls als geeignet erachtet. Alle anderen Ansätze liefern nicht die dramatisierenden Adjektive als Output und wären, wie in 2.3.2 erläutert, hinsichtlich der Fragestellung nicht zielführend gewesen.

Mit Blick auf die Schwächen des Programmes könnte die Aussagekraft der Ergebnisse in Folgearbeiten durch ein paar Modifizierungen größer werden. Die unzuverlässigen Ergebnisse des POS-Tagging und der Lemmatisierung könnten verbessert werden, indem die Korpora vorab von Zahlen und Satzzeichen bereinigt werden. Alternativ könnte versucht werden, ob die Vorverarbeitung mit einer anderen NLP-Bibliothek, wie *Natural Language Toolkit (NLTK)*, zuverlässiger funktioniert. Auch die für die Sentiment-Analyse verwendete Bibliothek *textblob-de* eignet sich wie in 3.2 diskutiert nicht optimal für die Operationalisierung der Fragestellung.

Bislang gibt es jedoch kaum Bibliotheken, die eine Sentiment-Analyse auf Deutsch beinhalten. Im Englischen gibt es gute Alternativen, wie zum Beispiel die Bibliothek *pattern*, die neben den Polaritätswerten auch Subjektivitätswerte ausgibt. In der deutschen Sprache wäre eine mögliche Alternative, die Texte zunächst zu tokenisieren, lemmatisieren und anschließend mit einem einfachen Sentiment Lexikon, wie *SentiWS*, abzugleichen.

Ferner wären zwei größere Subkorpora sowie das Durchführen eines Signifikanztestes notwendig gewesen, um aussagekräftigere Ergebnisse zu erhalten. Dies wäre ein spannender Ansatz für Anschlussarbeiten. Ein anderes interessantes Thema wäre eine größere Sentiment-Analyse mit Signifikanztest, die die Dramatisierungstendenzen der Berichterstattung über COVID-19 in verschiedenen Zeitungen vergleicht und neben Adjektiven auch weitere Wortarten analysiert. Alternativ könnten auch englischsprachige Zeitungen verglichen werden, da es hierfür bereits bessere Python-Bibliotheken gibt. Mit *pattern* könnten zum Beispiel auch die in dieser Arbeit vernachlässigten Subjektivitätswerte ausgewertet werden.

Das Forschungsfeld der Sentiment-Analyse wird in den nächsten Jahren mit den zunehmenden nutzergenerierten Inhalten im WWW weiter an Bedeutung gewinnen und neue, spannende Fragen aufwerfen. Neben dem offensichtlichen Nutzen für Unternehmen, Kundenverhalten aus nutzergenerierten Inhalten zu extrahieren,[89] bleibt abzuwarten, ob auch Zeitungsredaktionen sich die Sentiment-Analyse in Zukunft zunutze machen, um ihre Artikel vor der Veröffentlichung einem *Objektivitätscheck* zu unterziehen.

---

[89] Vgl. Liu, „Sentiment Analysis and Subjectivity". S. 627f.

Literaturverzeichnis

Primärliteratur

Ahr, Nadine. „Klonhund: Wiederauferstanden". *Die Zeit 50/2019*. 2. Dezember 2019, Abschn. Gesellschaft. https://www.zeit.de/2019/50/klonhund-marlon-2-bulldogge-gene-leihmutterhund.

Amjahid, Mohamed. „Georg Restle: Im Visier der AfD". *Die Zeit 30/2019*. 18. Juli 2019, Abschn. Politik. https://www.zeit.de/2019/30/georg-restle-journalist-afd-meinungsfreiheit.

Bahr, Petra. „Apokalypse: Und täglich grüßt der Weltuntergang". *Die Zeit 25/2019*. 14. Juni 2019, Abschn. Gesellschaft. https://www.zeit.de/2019/25/apokalypse-katastrophen-endzeitstimmung-hoffnung/komplettansicht.

Blume, Georg. „G7-Gipfel: Französische Weinbauern gegen amerikanische Digitalkonzerne". *Die Zeit 35/2019*. 22. August 2019, Abschn. Wirtschaft. https://www.zeit.de/2019/35/g7-gipfel-biarritz-digitalsteuer-frankreich-usa-deutschland.

Buhtz, Andrea. „Corona-Resolution: UN-Sicherheitsrat fordert wegen Coronavirus globale Waffenruhe". *Die Zeit*. 1. Juli 2020, Abschn. Politik. https://www.zeit.de/politik/ausland/2020-07/corona-resolution-globale-waffenruhe-un-sicherheitsrat-vereinte-nationen.

Buhtz, Andrea. „Regierungsbefragung: Merkel verteidigt Seehofers Umgang mit ‚taz'-Kolumne". *Die Zeit*. 1. Juli 2020, Abschn. Politik. https://www.zeit.de/politik/deutschland/2020-07/regierungsbefragung-angela-merkel-taz-kolumne-horst-seehofer-polizei.

Finkenwirth, Angelika. „Statistisches Bundesamt: Deutliches Umsatzplus für Einzelhandel". *Die Zeit*. 1. Juli 2020, Abschn. Wirtschaft. https://www.zeit.de/wirtschaft/unternehmen/2020-07/umsatzplus-einzelhandel-corona-krise-lockerungen-statistisches-bundesamt.

Finkenwirth, Angelika. „Volkswagen: VW stoppt Pläne für neues Werk in der Türkei". *Die Zeit*. 1. Juli 2020, Abschn. Wirtschaft. https://www.zeit.de/wirtschaft/unternehmen/2020-07/vw-izmir-tuerkei-corona-krise-stopp-plaene-fabrik.

Fritsch, Oliver. „Bundesliga: Wenn der Fußball verschwindet". *Die Zeit*. 11. März 2020, Abschn. Sport. https://www.zeit.de/sport/2020-03/bundesliga-coronavirus-geisterspiele-fussball-epidemie/komplettansicht.

Groll, Tina. „Britische Notenbank: Bank of England senkt Leitzins". *Die Zeit.* 11. März 2020, Abschn. Wirtschaft. https://www.zeit.de/wirtschaft/2020-03/britischer-leitzins-notenbanken-coronavirus.

Heflik, Katharina. „Coronavirus in den USA: Arizona meldet neuen Höchststand bei täglichen Neuinfektionen". *Die Zeit.* 1. Juli 2020, Abschn. Wissen. https://www.zeit.de/wissen/gesundheit/2020-07/coronavirus-zahlen-usa-arizona-florida-infizierte-todesfaelle-lockerungen.

Iser, Jurik Caspar. „Nordrhein-Westfalen: Weiterer Coronavirus-Patient in Deutschland gestorben". *Die Zeit.* 11. März 2020, Abschn. Wissen. https://www.zeit.de/wissen/gesundheit/2020-03/nordrhein-westfalen-coronavirus-patient-todesfall.

Kara, Stefanie. „Bleibt endlich mehr Zeit zum Reden?" *Die Zeit 40/2019.* 26. September 2019, Abschn. Wissen. https://www.zeit.de/2019/40/psychiatrie-personal-richtlinie-gespraechszeit-patienten.

Kara, Stefanie. „Manipulationsverdacht: Psychiatriestudie unter Verdacht". *Die Zeit 15/2019.* 3. April 2019, Abschn. Wissen. https://www.zeit.de/2019/15/manipulationsverdacht-psychatriestudie-erhebung-personalsituation.

Kühl, Eike. „Covid-19: Mit künstlicher Intelligenz gegen das Coronavirus". *Die Zeit.* 11. März 2020, Abschn. Digital. https://www.zeit.de/digital/internet/2020-03/covid-19-kuenstliche-intelligenz-coronavirus-diagnose-technik.

Kümmel, Peter. „Coronavirus: Beginnt nun das Geistertheater?" *Die Zeit.* 11. März 2020, Abschn. Kultur. https://www.zeit.de/2020/12/coronavirus-theater-buehnen-schliessung-epidemie.

Kümmel, Peter. „Theater: Geheimnisvolle Spiele im Nebel". *Die Zeit.* 1. Juli 2020, Abschn. Kultur. https://www.zeit.de/2020/28/theater-corona-krise-kirill-serebrennikow.

O.A. „Kurzarbeit: Zahl der Arbeitslosen und Beschäftigten in Kurzarbeit weiter gestiegen". *Die Zeit.* 1. Juli 2020, Abschn. Wirtschaft. https://www.zeit.de/wirtschaft/2020-07/kurzarbeit-bundesagentur-fuer-arbeit-corona-krise-anstieg.

Lemke-Matwey, Christine. „Salzburger Osterfestspiele: Der Kunst geht's ans Leder". *Die Zeit 45/2019.* 31. Oktober 2019, Abschn. Kultur. https://www.zeit.de/2019/45/salzburger-osterfestspiele-christian-thielemann-nikolaus-bachler/komplettansicht.

Palm, Theresa. „Coronavirus-Infektion: Politische Immunität". *Die Zeit.* 1. Juli 2020, Abschn. Wissen. https://www.zeit.de/2020/28/coronavirus-immunitaet-ausweis-infektion-ethik.

Patock, Mareike. „Tönnies: Es wird eng im Schweinestall". *Die Zeit.* 1. Juli 2020, Abschn. Wirtschaft. https://www.zeit.de/wirtschaft/2020-06/toennies-schlachtbetrieb-lockdown-schweinehalter-fleischindustrie-coronavirus/seite-2.

Pinzler, Petra. „Kohleausstieg: Eine Einigung wäre ein Wunder". *Die Zeit 5/2019.* 24. Januar 2019, Abschn. Politik. https://www.zeit.de/2019/05/kohleausstieg-kommission-bundesregierung-kompromiss-industrie-strompreise.

Schieritz, Mark. „Spitzensteuersatz: Hoch die Steuern". *Die Zeit 10/2019.* 4. März 2019, Abschn. Wirtschaft. https://www.zeit.de/2019/10/spitzensteuersatz-steuererhoehung-weltweit-einkommensteuer-topverdiener-gerechtigkeit.

Schlieben, Michael, Hasan Gökkaya, und Hannes Leitlein. „Coronavirus: Parlament im Homeoffice?" *Die Zeit.* 11. März 2020, Abschn. Politik. https://www.zeit.de/politik/deutschland/2020-03/coronavirus-bundestag-parlament-quarantaene-homeoffice-regierung.

Schlitt, Anna-Lena. „Konjunkturprognose: Ifo-Institut erwartet starkes Wirtschaftswachstum". *Die Zeit.* 1. Juli 2020, Abschn. Wirtschaft. https://www.zeit.de/wirtschaft/2020-07/ifo-institut-konjunkturprognose-rezession-wirtschaftswachstum-corona-krise.

Schmoll, Thomas. „Leipziger Buchmesse: Ein Nagel im Sarg der kleinen Verlage". *Die Zeit.* 11. März 2020, Abschn. Kultur. https://www.zeit.de/kultur/literatur/2020-03/leipziger-buchmesse-absage-coronavirus-verlage-unabhaengigkeit.

Stephanowitz, Johann. „Coronavirus: EU-Kommission will wirtschaftliche Folgen mit Milliardenfonds abfedern". *Die Zeit.* 11. März 2020, Abschn. Wirtschaft. https://www.zeit.de/wirtschaft/2020-03/coronavirus-eu-kommission-25-milliarden-euro-fonds-ursula-von-der-leyen.

Stephanowitz, Johann. „Coronavirus-Maßnahmen: Ökonomen fordern notfalls Beteiligung des Staates an Unternehmen". *Die Zeit.* 11. März 2020, Abschn. Wirtschaft. https://www.zeit.de/wirtschaft/2020-03/coronavirus-massnahmen-unternehmen-eigenkapital-staatliche-beteiligung.

Streeruwitz, Marlene. „FPÖ: Es ist wieder da". *Die Zeit 20/2019*. 9. Mai 2019, Abschn. Kultur. https://www.zeit.de/2019/20/fpoe-nationalismus-holocaust-antisemitismus-fremdenfeindlichkeit.

Weihser, Rabea. „Freiberufliche Künstler: Die Kulturbranche trifft es hart". *Die Zeit*. 11. März 2020, Abschn. Kultur. https://www.zeit.de/kultur/2020-03/freiberufliche-kuenstler-coronavirus-finanzhilfen-deutschland.

Sekundärliteratur

spaCy API Documentation. „Annotation Specifications. Schemes Used for Labels, Tags and Training Data." Zugegriffen 19. August 2020. https://spacy.io/api/annotation.

Robert Koch-Institut. „Antworten auf häufig gestellte Fragen zum Coronavirus SARS-CoV-2 / Krankheit COVID-19: Wird es weitere COVID-19-Wellen in Deutschland geben?", 3. Juli 2020. https://www.rki.de/SharedDocs/FAQ/NCOV2019/gesamt.html.

Brost, Marc, und Bernhard Pörksen. „Corona-Berichterstattung: Die Kartografie der Lebenswirklichkeit". Die Zeit 16/2020. 13. April 2020, Abschn. Gesellschaft. https://www.zeit.de/2020/16/coronavirus-berichterstattung-journalismus-information/komplettansicht.

Clark, Alexander, Hrsg. The Handbook of Computational Linguistics and Natural Language Processing. Chichester: Wiley-Blackwell, 2010.

Clematide, Simon, und Manfred Klenner. „Evaluation and extension of a polarity lexicon for german". WASSA 2010 - Proceedings of the First Workshop on Computational Approaches to Subjectivity and Sentiment Analysis, 2010, 7–13. http://gplsi.dlsi.ua.es/congresos/wassa2010/fitxers/WASSA2010_Proceedings_.pdf.

Dudenredaktion. „bagatellisieren". Duden online, o.J. https://www.duden.de/rechtschreibung/bagatellisieren.

Dudenredaktion. „dramatisieren". In Duden online, o.J. https://www.duden.de/rechtschreibung/dramatisieren.

Eberhard Karls Universität Tübigen. „GermaNet - An Introduction". Zugegriffen 21. September 2020. https://uni-tuebingen.de/en/142806.

Killer, Markus. „De-Sentiment.Xml". GitHub, 2014. https://github.com/markuskiller/textblob-de/blob/dev/textblob_de/data/de-sentiment.xml.

Killer, Markus. „Textblob-de Documentation, Release 0.4.4a1", 2019. https://readthedocs.org/projects/textblob-de/downloads/pdf/latest/.

Liu, Bing. Sentiment Analysis and Opinion Mining. Morgan & Claypool, 2012.

Liu, Bing. „Sentiment Analysis and Subjectivity". In Handbook of Natural Language Processing, herausgegeben von Nitin Indurkhya und David D. Palmer, 2. ed., 627–66. Boca Raton, FL: Taylor & Francis Ltd, 2010.

Mast, Claudia, Hrsg. ABC des Journalismus: ein Handbuch. 11., überarb. Aufl. Konstanz: UVK-Verl-Ges, 2008.

Neuberger, Christoph, und Peter Kapern. Grundlagen des Journalismus. Wiesbaden: Springer VS, 2013.

Palmer, David D. „Text Preprocessing". In Handbook of Natural Language Processing, herausgegeben von Nitin Indurkhya und Fred J. Damerau, 2. ed., 9–30. Boca Raton, Fla. [u.a.]: CRC/ Taylor & Francis, 2010.

Schneider, Wolf, und Paul-Josef Raue. Das neue Handbuch des Journalismus. Vollst. überarb. und erw. Neuausg. Reinbek bei Hamburg: Rowohlt-Taschenbuch-Verl, 2003.

Smith, George. „A Brief Introduction to the TIGER Treebank, Version 1". Universität Potsdam, 2003.

Vasiliev, Yuli. Natural Language Processing with Python and SpaCy: A Practical Introduction. No Starch Press, 2020.

Von La Roche, Walther, Klaus Meier, und Gabriele Hooffacker. La Roches Einführung in den praktischen Journalismus: Mit genauer Beschreibung aller Ausbildungswege Deutschland · Österreich · Schweiz. 20. Aufl. Journalistische Praxis. VS Verlag für Sozialwissenschaften, 2017.

Westpfahl, Swantje. POS-Tagging für Transkripte gesprochener Sprache: Entwicklung einer automatisierten Wortarten-Annotation am Beispiel des Forschungs- und Lehrkorpus Gesprochenes Deutsch (FOLK). Tübingen: Narr Francke Attempto, 2020.

Weltgesundheitsorganisation. „WHO erklärt COVID-19-Ausbruch zur Pandemie", 12. März 2020. https://www.euro.who.int/de/health-topics/health-emergencies/coronavirus-covid-19/news/news/2020/3/who-announces-covid-19-outbreak-a-pandemic.

Zehe, Albin, Martin Becker, Fotis Jannidis, und Andreas Hotho. „Towards Sentiment Analysis on German Literature". In KI 2017: Advances in Artificial Intelligence, herausgegeben von Gabriele Kern-Isberner, Johannes Fürnkranz, und Matthias Thimm, 387–94. Lecture Notes in Computer Science. Cham: Springer International Publishing, 2017.

Zhai, Cheng Xiang, und Sean Massung. Text Data Management and Analysis: A Practical Introduction to Information Retrieval and Text Mining. Association for Computing Machinery and Morgan & Claypool, 2016.

Anhang

Programmcode

''' a. Importe '''

''' a.1 Allgemein: '''
import os

''' a.2 Für die Vorverarbeitung: Bibliothek SpaCy importieren und das deutsche Sprachmodell 'de_core_news_sm' in der Variablen nlp laden. Dieses Sprachmodell enthält den Wortschatz der Sprache und andere Daten aus dem statistischen Modell: '''
import spacy
nlp = spacy.load('de_core_news_sm')

''' a.3 Für die Sentiment-Analyse: Deutsche Erweiterung von TextBlob unter dem Namen TextBlob importieren: '''
from textblob_de import TextBlobDE as TextBlob

''' b. Korpora einlesen und über beide Korpora iterieren '''

''' b.1 Pfad festlegen, in dem die Dateien gespeichert sind:
(Hinweis: Die Korpora müssen in dem Ordner, in dem sich der Code befindet, in einem Unterordner 'Korpora' abgelegt werden, damit die Pfadangabe / der
Code funktionieren.) '''
inputdir = os.path.join("./Korpora")

''' b.2 Schleife, um über beide Korpora im Verzeichnis zu iterieren und so den Vergleich zwischen den Korpora zu ermöglichen: '''
for filename in os.listdir(inputdir):

''' b.3 Korpora einlesen: '''

```python
text = open(os.path.join(inputdir,filename), encoding="utf-8").read()
```

''' c. Vorverarbeitung der Korpora '''

''' c.1 Die Texte werden in der Variablen doc prozessiert, in der die linguistischen
Annotationen dann über Methoden abfragbar sind:'''

```python
doc = nlp(text)
```

''' c.2 Um später die relativen Häufigkeiten berechnen zu können, werden die Korpora
zunächst in einer Liste tokenisiert und die Gesamtanzahl der Tokens berechnet, indem die
Anzahl der Listeneinträge von list_tokens berechnet wird: '''

```python
list_tokens = [(token.text) for token in doc]
print("Gesamtanzahl Tokens im", filename, ":", len(list_tokens))
```

''' c.3 Zur Vorbereitung für die Sentiment-Analyse und das Berechnen der Gesamtanzahl
der Adjektive werden die Adjektive anhand des POS-Tagging
herausgefiltert und in ihrer Grundform (Lemmata) in einer Liste erfasst und ausgegeben: '''

```python
list_adjektive = [(token.lemma_) for token in doc if token.pos_ == "ADJ"]
print("Liste der Lemmata aller Adjektive im", filename, list_adjektive)
```

'''c.4 Ermitteln der Gesamtanzahl der Adjektive pro Korpus, indem die Anzahl der
Listeneinträge von list-adjektive berechnet wird. Anschließend
Berechnung des Anteils der Adjektive an der Gesamtanzahl der Tokens pro Korpus: '''

```python
print("Gesamtanzahl Adjektive im", filename, ":", len(list_adjektive))
print("Gesamtanteil Adjektive an der Gesamtanzahl der Tokens im", filename, ":",
(len(list_adjektive) / len(list_tokens)) * 100)
```

''' d. Sentiment-Analyse '''

''' d.1 Da textblob-de nicht mit Listen arbeiten kann, wird der Inhalt der in 3.3 erstellten

Liste der Adjektive wieder in einen String umgewandelt. Dabei werden die einzelnen

Adjektive mit einem Punkt voneinander getrennt und so 'Sätze' erzeugt. Denn in

textblob-de gibt es keine Möglichkeit, das Sentiment einzelner Wörter zu bestimmen.

Durch die Umwandlung in 'Sätze' lässt sich dieses Problem umgehen: '''

adjektive = ". ".join(list_adjektive)

print("String mit den Lemmata aller Adjektive im", filename, ":", adjektive)

blob = TextBlob(adjektive)

''' d.2 Als nächstes soll die Anzahl der stark polaren positiven, stark polaren negativen und

neutralen Adjektive ermittelt werden.

Dazu wurden 3 Listen erstellt, die jeweils Tupel bestehend aus einem Adjektiv mit

dazugehörigem Polaritätswert enthalten. Die Inhalte dieser

Listen wurden mit einer if-Bedingung auf die jeweiligen, in 2.2 definierten, Schwellenwert-

Bereiche der Polaritätswerte begrenzt.

So erhält man jeweils eine Liste mit allen positiven, neutralen und negativen Adjektiven:'''

list_adjektive_positiv = [(sentence, sentence.sentiment.polarity) for sentence in

blob.sentences if sentence.sentiment.polarity >= 0.7]

print("Liste der stark polaren, positiven Adjektive mit Polarität im", filename, ":",

list_adjektive_positiv)

list_adjektive_neutral = [(sentence, sentence.sentiment.polarity) for sentence in

blob.sentences if sentence.sentiment.polarity > -0.7 and sentence.sentiment.polarity < 0.7]

print("Liste der neutralen Adjektive mit Polarität im", filename, ":", list_adjektive_neutral)

list_adjektive_negativ = [(sentence, sentence.sentiment.polarity) for sentence in

blob.sentences if sentence.sentiment.polarity <= -0.7]

print("Liste der stark polaren, negativen Adjektive mit Polarität im", filename, ":",
list_adjektive_negativ)

''' d.3 Danach wird die Anzahl der positiven / neutralen / negativen Adjektive ermittelt,
indem jeweils die Anzahl der Listeneinträge (Tupel) der in d.2 erstellten Listen gezählt
wird: '''
print("Anzahl positiver Adjektive im", filename, ":", len(list_adjektive_positiv))
print("Anzahl neutraler Adjektive im", filename, ":", len(list_adjektive_neutral))
print("Anzahl negativer Adjektive im", filename, ":", len(list_adjektive_negativ))

''' d.5 Abschließend wird der Anteil positiver, neutraler und negativer Adjektive an der
Gesamtanzahl der Tokens pro Korpus in Prozent berechnet: '''
print("Anteil positiver Adjektive an der Gesamtanzahl der Tokens im", filename, ":",
(len(list_adjektive_positiv) / len(list_tokens)) * 100)
print("Anteil neutraler Adjektive an der Gesamtanzahl der Tokens im", filename, ":",
(len(list_adjektive_neutral) / len(list_tokens)) * 100)
print("Anteil negativer Adjektive an der Gesamtanzahl der Tokens im", filename, ":",
(len(list_adjektive_negativ) / len(list_tokens)) * 100)

Subkorpus 1

01: Mit künstlicher Intelligenz gegen das Coronavirus

Technik, die Leben rettet? Algorithmen könnten bei Covid-19-Diagnosen helfen, Wirkstoffe finden und die Verbreitung des Virus vorhersagen. China probiert das bereits aus.

Von Eike Kühl

11. März 2020, 6:35 Uhr 137 Kommentare

Um das neue Coronavirus Sars-CoV-2 zu bekämpfen, müssen Ärzte und Medizinerinnen weltweit derzeit improvisieren. Noch gibt es gegen den Erreger keine direkten Mittel und Therapien. Da kann es helfen, rasch zu erkennen, wer bereits Anzeichen der Lungenkrankheit Covid-19 zeigt, die das Virus auslösen kann. In China, wo noch immer die allermeisten Infektionsfälle gezählt werden, haben Ärzte dafür einen neuen Verbündeten: künstliche Intelligenz (KI). Gerade berichtete der Konzern Alibaba, eines seiner Forschungsinstitute habe einen Algorithmus entwickelt, der in 96 Prozent der Fälle anhand von Computertomografie-Aufnahmen erkennen kann, ob ein Patient oder eine Patientin an Covid-19 erkrankt ist. Schon Ende Februar sagte ein Arzt aus der Stadt Wuhan dem Onlinemagazin Wired, man teste das computergestützte Verfahren bereits in Krankenhäusern.

Was hier als künstliche Intelligenz bezeichnet wird, ist eigentlich maschinelles Lernen oder noch genauer Deep Learning: Ein Algorithmus wird zunächst mit CT-Aufnahmen der Lunge von Menschen, die nachweislich an Covid-19 erkrankt sind, trainiert. Je mehr Vergleichsbilder der Algorithmus bekommt, desto besser kann er erkennen, was eine infizierte Lunge ausmacht. Das System lernt aus den Bildern nach und nach bestimmte Details, die möglicherweise sogar erfahrenen Radiologen entgehen. Vor allem ist er deutlich schneller mit der Diagnose: Nach Angaben von Alibaba benötigt der Algorithmus bloß etwa 20 Sekunden, um zu sagen, ob es sich um Covid-19 handelt oder etwa um eine Lungenentzündung im Zuge eines grippalen Infekts – für Ärzte ist dieser Unterschied nicht immer so leicht zu erkennen.

In den vergangenen Jahren haben Forschende das Prinzip erfolgreich getestet (Nature: Patel et al., 2019). Auch für Gewebeproben bei Brustkrebs (JAMA: Bejnordi at al., 2017) und schwarzem Hautkrebs (European Journal of Cancer: Brinker et al., 2019) wurde es schon eingesetzt. In allen Fällen konnte der Algorithmus eine ähnliche gute Erkennungsrate liefern wie die Fachärzte. Allerdings handelte es sich in allen Fällen um kontrollierte Studien; ein Einsatz im Livebetrieb wie in China, ist neu – und er könnte der Technik einen Schub geben.

Algorithmen können helfen – wenn sie richtig trainiert wurden

Das glaubt jedenfalls Michael Forsting, Leiter des Instituts für Diagnostische und Interventionelle Radiologie am Universitätsklinikum Essen, wo man ebenfalls an medizinischen KI-Lösungen forscht. "Gerade in China, wo es mit Abstand die meisten Fälle mit dem neuen Coronavirus gibt, könnte das Verfahren jetzt Sprünge machen", sagt er. Ein Algorithmus könne in diesem Fall schon deshalb recht zuverlässige Einschätzungen liefern, weil es genug digitale Trainingsdaten gebe. Alibaba will das System zunächst mit 5.000 CT-Aufnahmen von Covid-19-Patienten getestet haben, eine andere, vorläufige Studie (Xu et al., 2020) kam schon mit etwa 600 Aufnahmen auf eine hohe Erkennungsrate. "Je mehr Datensätze es gibt und je konkreter der Anwendungsfall ist, desto besser können Algorithmen in der Diagnostik helfen", sagt Forsting.

Alibaba will seine Software Hunderten Institutionen zur Verfügung stellen. So soll es das Personal entlasten und mit dem Coronavirus infizierte Menschen schneller finden und behandeln. Die Forschenden sprechen von einer "unterstützenden diagnostischen Methode". Denn das ist wichtig: Der Algorithmus trifft keinen abschließenden Befund, die Entscheidung dafür liefern weiterhin die Ärztinnen und Ärzte. "Wir reden hier derzeit von reinen Entscheidungshilfen", sagt Forsting, "man könnte eine KI etwa so einstellen, dass nur Befunde, die ganz sicher unauffällig sind, aussortiert werden". Somit hätte ein Radiologe mehr Zeit für schwerere Fälle und andere Aufgaben.

So gut ein KI-System aus Sicht seiner Entwicklerinnen auch funktionieren mag, es gibt Kritik an den Verfahren. 2018 etwa untersuchte eine US-Studie (PLOS Medicine: Zech at al., 2018), wie Algorithmen zur Erkennung von Lungenentzündungen auf Röntgenbildern über mehrere Krankenhäuser hinweg abschnitten. Das Ergebnis: Solange die KI in dem Krankenhaus eingesetzt wurde, in dem sie ursprünglich trainiert wurde, funktionierte sie gut. Bei Röntgenaufnahmen aus anderen Institutionen aber sank die Erkennungsrate. Eine Metastudie aus Südkorea (Korean Journal of Radiology: Kim et al., 2019) fand zudem heraus, dass nur sechs Prozent der untersuchten Arbeiten zu KI-Diagnostik ihre Algorithmen auch mit externen CT- und MRT-Aufnahmen getestet hatten.

Michael Forsting vom Universitätsklinikum Essen kennt diese Einschränkungen: "Die externe Validierung ist derzeit noch ein Problem." Gerade bei MRT-Maschinen seien die Unterschiede von Hersteller zu Hersteller teils so groß, dass auch manche Radiologen Probleme bei der Interpretation von Aufnahmen bekommen. Entsprechend kämen auch die Deep-Learning-Modelle an ihre Grenzen. Er sei aber zuversichtlich, dass es dafür Lösungen geben werde, etwa indem in Zukunft Datensätze verschiedener Krankenhäuser zusammengeführt werden. Im aktuellen Fall in China könnte die Technik in jedem Fall dabei helfen, dass Radiologen im ganzen Land Covid-19 besser finden können.

Wie man mit KI eine Epidemie vorhersagen kann

Nicht nur in der Diagnostik, sondern auch bei der Suche nach Impfstoffen und Arzneimitteln gegen Covid-19 wird künstliche Intelligenz getestet. Das Alphabet-Tochterunternehmen DeepMind untersucht mithilfe von Deep Learning derzeit die Proteinstrukturen des Virus. Die sind entscheidend bei der Suche nach einem Impfstoff und Medikamenten, denn die Antikörper eines Impfstoffs müssen genau auf die Proteine des Virus einwirken, um ihn zu neutralisieren. In der Medikamentenforschung ist das ein langwieriger Prozess, der durch algorithmische Berechnungen aber beschleunigt werden kann.

Forschende des britischen Start-ups BenevolentAI suchen Datensätze von bestehenden Medikamenten, um darin Wirkstoffe zu finden, die möglicherweise auch gegen Sars-CoV-2 wirken. Bei dem sogenannten Drug Repurposing werden Medikamente getestet, die eigentlich bei HIV-Infektionen oder auch rheumatischer Arthritis zum Einsatz kommen (The Lancet: Richardson et al., 2020), von ihrer chemischen Struktur her aber auch gegen das neue Coronavirus helfen könnten. Ivan Griffin, Gründer der Firma, sagte im Gespräch mit Recode, dass solche Ergebnisse in so kurzer Zeit ohne den Einsatz von Big Data und KI nicht möglich seien. Gleichzeitig dämpft er aber auch die Erwartungen: Die Algorithmen lieferten keine medizinischen Empfehlungen. Die Ergebnisse müssen durch klinische Tests bestätigt werden.

Künstliche Intelligenz konnte den Ausbruch vorhersagen

Auch wenn es darum geht, Sars-CoV-2 einzudämmen und die weitere Verbreitung zu berechnen, kommt Deep Learning zum Einsatz. Das kanadische Start-up BlueDot war mit seinen Analysen sogar schneller als die Weltgesundheitsorganisation WHO.

Am 31. Dezember, neun Tage ehe die WHO ihre erste Warnung vor einem grippeähnlichen Erreger in China veröffentlichte, entdeckten die Forschenden von BlueDot erste Hinweise auf einen möglichen Ausbruch in Wuhan. Ihr Algorithmus durchforstet Tausende verschiedene Quellen, Nachrichtenseiten, Foren, Blogs, Behördeninformationen, statistische Daten zur Tierhaltung und Demografie sowie Flugbewegungen, um herauszufinden, ob es irgendwo auf der Welt auffällige Entwicklungen gibt. Falls ja, prüfen Epidemiologen, ob die Hinweise schlüssig sind.

BlueDot konnte nicht nur feststellen, dass der Ausbruch im chinesischen Wuhan begann, sondern auch korrekt vorhersagen, dass weitere Fälle in den folgenden Tagen auch in Bangkok, Seoul und Tokio auftreten würden. Man könne Maschinen genauso trainieren wie menschliche Experten, sagte BlueDot-Gründer Kamran Khan gegenüber dem Onlinemagazin Forbes. "Aber die Maschine arbeitet rund um die Uhr, was den Prozess schneller und effizienter macht." Mithilfe der Daten könnten Ersthelfer, Verwaltungen und Regierungen schneller auf neue Ausbrüche reagieren und die entsprechenden Maßnahmen einleiten.

Überwachung im Dienste der Gesundheit?

Aber nicht alle Maßnahmen, die Big Data und künstliche Intelligenz einsetzen, sind hilfreich. Gerade in China bauen die Behörden nach Berichten von Al Jazeera das ohnehin schon riesige Überwachungssystem des Landes weiter aus. An Bahnhöfen in Großstädten werden Temperaturscanner verwendet, um Menschen mit Fieber erkennen zu können. Gemeinsam mit Gesichtserkennung, wie sie in China weiträumig eingesetzt wird, und der Überwachung von Handydaten können Behörden verfolgen, wo sich die Bürgerinnen und Bürger aufhalten und wie sie reisen. Über eine neue eingeführte Smartphone-App bekommen sie zudem einen farbigen Gesundheitszustand zugewiesen, der sich aus Standort- und Kontaktdaten sowie Angaben zur eigenen Gesundheit speist. Also etwa aus der Angabe, ob jemand möglicherweise in einem Risikogebiet war oder gerade Fieber hat. Wie genau die Zuweisung letztlich funktioniert, ist aber unklar.

In Städten wie Hangzhou wird dieses System unter anderem dazu eingesetzt, um Menschen Zugang zur U-Bahn zu ermöglichen: Nur wer grünen Status hat, darf mitfahren. Wie eine Recherche der New York Times herausfand, sendet die App bei jedem Scan private Daten an die Server des Anbieters. Dort könnten mit KI-Algorithmen dann theoretisch komplexe Bewegungsanalysen der Menschen erstellt werden.

Bürgerrechtler befürchten deshalb, dass sich nicht nur das Coronavirus, sondern mit ihm auch die Überwachungsmaßnahmen ausbreiten könnten. Am Ende könnte KI also nicht nur Medizinern helfen – sondern auch all denen, die ihre Mitmenschen gern etwas genauer beobachten möchten.

02: EU-Kommission will wirtschaftliche Folgen mit Milliardenfonds abfedern

Im Kampf gegen das Coronavirus stellt die EU-Kommission 25 Milliarden Euro bereit. Neben dem Gesundheitswesen soll das Geld in betroffene Wirtschaftsbereiche fließen.

11. März 2020, 7:11 Uhr Quelle: ZEIT ONLINE, AFP, js 27 Kommentare

Die EU-Kommission will mit einem Fonds in Höhe von 25 Milliarden Euro die wirtschaftlichen Folgen der Coronavirus-Krise abdämpfen. Wie Kommissionspräsidentin Ursula von der Leyen (CDU) ankündigte, soll der Fonds unter anderem kleinere Unternehmen, den Arbeitsmarkt und die Gesundheitssysteme unterstützen. Mit dem Geld solle unter anderem Wirtschaftssektoren unter die Arme gegriffen werden, die besonders schwer von den Auswirkungen der Gesundheitskrise betroffen seien. Finanziert werden soll der Fonds nach ihren Angaben aus nicht von den Mitgliedstaaten verwendeten Struktur- und Regionalhilfen.

Sie wolle die Regierungen bitten, diese normalerweise in den EU-Haushalt zurückfließenden Mittel im Umfang von 7,5 Milliarden Euro für den Fonds freizugeben, sagte die Kommissionspräsidentin. Der Rest solle durch Co-Beiträge der betroffenen Mitgliedsstaaten finanziert werden. Konkrete Vorschläge dazu will von der Leyen bei einem Treffen der Euro-Finanzministerinnen und -Finanzminister am Montag unterbreiten.

Ihre Behörde wolle die Flexibilität im Stabilitäts- und Wachstumspakt nutzen, um Regierungen finanziellen Spielraum zu geben, damit sie geeignete Maßnahmen gegen die Krise treffen können. "Wir werden alle uns zur Verfügung stehenden Mittel nutzen, damit die europäische Wirtschaft diesem Sturm widersteht", sagte von der Leyen.

Im Kampf gegen die Coronavirus-Epidemie vereinbarten die EU-Regierungschefinnen und -chefs auch, enger zusammenzuarbeiten als bislang. Die Gesundheits- und Innenminister sollten sich nun täglich abstimmen, sagte EU-Ratspräsident Charles Michel.

Krisentreffen im Kanzleramt am Freitag

Bundeskanzlerin Angela Merkel (CDU) plant unterdessen offenbar für Freitag ein Krisentreffen mit Arbeitgebern und Gewerkschaften zu wirtschaftspolitischen Maßnahmen gegen die Coronavirus-Krise. Bei dem Treffen soll nach Angaben des Redaktionsnetzwerk Deutschland über "die Auswirkungen des Coronavirus auf die deutsche Wirtschaft und mögliche wirtschaftspolitische Gegenmaßnahmen" beraten werden. Teilnehmen sollen demnach auch Bundesarbeitsminister Hubertus Heil (SPD) und Bundesfinanzminister Olaf Scholz (SPD).

Zur Eindämmung der wirtschaftlichen Folgen der Corona-Epidemie hatte die große Koalition bereits zu Wochenbeginn Erleichterungen beim Kurzarbeitergeld beschlossen. Das Vorhaben wurde am Dienstag vom Kabinett im Eiltempo auf den Weg gebracht. Unionsfraktionschef Ralph Brinkhaus (CDU) kündigte zudem an, dass im Bundeshaushalt zusätzliche Mittel von bis zu einer Milliarde Euro für den Kampf gegen das Virus bereitgestellt werden sollen. Das Geld soll unter anderem in die Forschung fließen.

Ferner will das Bundesarbeitsministerium zur Vermeidung von Versorgungsengpässen das Verbot der Sonntagsarbeit lockern. Eine entsprechende Rechtsverordnung werde vorbereitet, teilte der Corona-Krisenstab der Bundesregierung mit. Zudem habe das Bundesverkehrsministerium die Länder gebeten, die Kontrolle des Fahrverbots für Lkw an Sonn- und Feiertagen zunächst bis zum 5. April 2020 auszusetzen, um Lieferengpässe zu vermeiden.

Trump kündigt Maßnahmenpaket gegen Coronavirus an

Auch in den USA soll mit einem wirtschaftspolitischen Maßnahmenpaket auf die Corona-Krise reagiert werden. US-Präsident Donald Trump hatte für Dienstag die Verkündung erster konkreter Schritte in Aussicht gestellt, dies blieb dann aber aus. Der Präsident möchte nach seiner großen Steuerreform von 2017 am liebsten weitere Kürzungen bei der Einkommensteuer durchsetzen. Bei Beratungen mit seinen republikanischen Verbündeten im Kongress und auch bei eigenen Mitarbeitern im Weißen Haus stieß er damit aber laut US-Medienberichten auf Skepsis.

03: Beginnt nun das Geistertheater?

Erste große Bühnen in Deutschland und Österreich schließen.

Von Peter Kümmel

11. März 2020 DIE ZEIT Nr. 12/2020, 12. März 2020 95 Kommentare

In diesen Tagen, da selbst Donald Trump merkt, dass ihm im Coronavirus ein Gegner erwachsen ist, den er nicht weglügen kann, setzen die Behörden weltweit darauf, die Ausbreitung der Seuche wenigstens zu drosseln. Für alle Bereiche des Schaugeschäfts bedeutet das: Menschenansammlungen "mit risikogeneigter Zusammensetzung" (so die Landesregierung in Nordrhein-Westfalen) zu vermeiden. In NRW werden die Behörden seit dem 10. März "Veranstaltungen mit mehr als 1000 zu erwartenden Besucherinnen und Besuchern grundsätzlich absagen". Das bedeutet beispielsweise, dass das blühende Kölner

Literaturfestival lit.cologne, welches mit 100.000 Besuchern rechnete, wenige Stunden vor Eröffnung abgesagt wurde. Von zu schließenden Theatern ist in NRW bis zum Redaktionsschluss dieser Ausgabe – später Dienstagabend, 10. März – keine Rede gewesen, wohl aber andernorts.

In Berlin hat Kultursenator Klaus Lederer entschieden, dass "in den staatlichen Theatern, Opern und Konzerthäusern die geplanten Veranstaltungen in den Großen Sälen (...) vorerst bis zum Ende der Osterferien, also bis zum 19. April 2020, nicht mehr stattfinden". Er empfiehlt auch den großen Privattheatern, so zu verfahren. Aus Wien erreicht uns die Nachricht, dass das größte Theater Europas, das Burgtheater, bis mindestens 31. März nicht mehr spielt – ebenso wie die Staatsoper und andere große Bühnen. In Bayern werden das Münchner Residenztheater und die Bayerische Staatsoper bis 19. April nicht öffnen. Dasselbe gilt fürs Staatstheater Nürnberg. Der Bühnenbetrieb in anderen Bundesländern ging, zumindest bis zum Abend des 10. März, laut Auskunft des Deutschen Bühnenvereins seinen gewohnten Gang; dies könne sich aber täglich ändern.

Die Bayerische Staatsoper teilt mit, sie werde in den nächsten Tagen versuchen, "einzelne Vorstellungen als Live-Stream oder als Video-on-Demand zur Verfügung zu stellen", und möglicherweise wird diese Strategie richtungsweisend sein: Der Applaus könnte sich von der Darbietung scheiden; die Bühnenkünstler würden ihr Publikum dann für längere Zeit nicht mehr sehen und hören – jedenfalls nicht in "risikogeneigter Zusammensetzung".

Im Fußball ist diese bittere Erkenntnis schon angekommen: Viele große Spiele werden in nächster Zeit sogenannte Geisterspiele sein – man wird sie ohne Publikum austragen, sodass man die Stimmen der berühmten Spieler, wie beim Dorfkick, im Stadion hören wird. Die Fußballgeldmaschine wird weiter auf Hochtouren laufen, wenn auch Beckett-artig, als luxuriöses Endspiel, im Leeren.

Im Theater wird das vermutlich anders sein: Wie lang können sich Bühnen halten, die auf bezahlende Zuschauer angewiesen sind? Die Perspektiven sind düster, und das einzig irgendwie Erheiternde ist die Theatervision, dass selbst Donald Trump künftige Wahlkampfauftritte eventuell in leeren Hallen abhalten und streamen wird; mit Beifall, der vom Tonband zugespielt werden muss.

04: Parlament im Homeoffice?

Wenn das Coronavirus den politischen Betrieb in Berlin infiziert, wie arbeitsfähig ist dann der Bundestag noch? Die Fraktionen und Parteien geben sich gelassen.

Von Michael Schlieben, Hasan Gökkaya und Hannes Leitlein

11. März 2020, 10:05 Uhr 22 Kommentare

Auf den ersten Blick ist dem Bundestag die neue Lage nicht anzumerken. Während es im benachbarten Bundespresseamt inzwischen für alle Eintretenden Pflicht ist, sich die Hände zu desinfizieren, ist der Umgang im Bundestag damit laxer. "Wir sollen die Leute auf die Desinfektionsmöglichkeiten hinweisen", sagt eine Pförtnerin. Ihr Kollege sieht sie erstaunt an. Davon wusste er noch gar nichts.

Die Bundestagsverwaltung reagiert bislang nur zögerlich auf das Coronavirus. Die Aussichtskuppel und die Dachterrasse des Reichstagsgebäudes sind seit diesem Dienstag bis auf weiteres für den gesamten Besucherverkehr gesperrt. Die Abgeordneten sind angehalten, keine Besuchergruppen mehr zu empfangen. Dienst- und Delegationsreisen sollen "auf das absolut notwendige Maß" begrenzt werden, heißt es dazu aus der Bundestagsverwaltung.

Aber ansonsten sollen alle Sitzungen des Plenums und der Ausschüsse wie sonst auch in dieser Woche stattfinden. Das ist zumindest der Stand am Dienstagabend. Alle Infos werden mit einem Zusatz versehen: "Die Lage durch das neue Coronavirus ist hochdynamisch und wird durch die zuständigen Stellen in Bund und Ländern ständig neu bewertet."

Mit anderen Worten: Derzeit sieht es so aus, als würde sich der Bundestag der Empfehlung des Bundesgesundheitsministers widersetzen. Dieser hatte am Sonntag bekanntlich gewittert, dass von Versammlungen mit mehr als 1.000 Menschen abzuraten sei. Im Bundestag sitzen 709 Abgeordnete. Sie alle haben Mitarbeiter und Referenten. Dazu kommen die Parlamentsangestellten, in den Bibliotheken, Küchen, die Sicherheitsleute und Chauffeure und und und. Das Spahnsche Quorum überspringt der Bundestag locker. Wobei sich nicht alle gleichzeitig in einem Raum aufhalten, aber zumindest in einem Gebäude.

Kommt der Shutdown?

Die Menschen, die hier verkehren, sind zudem typische Corona-Risikopersonen: Sie sind oft weit gereist, kommen mit vielen anderen Menschen zusammen, viele sind über 60 Jahre alt.

Ein Shutdown des Parlaments ist bisher dennoch nicht geplant. Die Sorge ist verbreitet, dass man dadurch einen negativen Präzedenzfall schaffen würde, andere Organisationen und Ämter ebenfalls nachziehen und die bundesdeutsche Politik und Verwaltung so zum Erliegen käme. "Wir müssen mit gutem Beispiel vorangehen", sagt eine FDP-Abgeordnete zu ZEIT ONLINE. Man dürfe jetzt nicht ohne triftigen Anlass einfach die Arbeit einstellen.

Zu wichtig seien zudem die Entscheidungen, die diese Woche anstehen: Der Bundestag stimmt etwa über zwei Einsätze der Bundeswehr ab. Am 31. März laufen die Mandate für Darfur und Südsudan aus. An diesem Donnerstag entscheiden die Abgeordneten über eine Verlängerung. Sollte es nicht dazu kommen, müssten die Soldatinnen und Soldaten abziehen. Ihrem Einsatz wäre die rechtliche Grundlage entzogen.

Lässt sich das Parlament auch aus dem Homeoffice regieren? Das Kabinett, also die Minister und die Bundeskanzlerin, könnten sich vermutlich auch absprechen und Beschlüsse fassen, ohne an einem Ort zu sein. Aber das Parlament? Wäre es technisch in der Lage und rechtlich beschlussfähig, wenn die Abgeordneten gar nicht zusammenkämen?

In Thüringen blitzte die Gefahr in der vergangenen Woche schon auf. Ein Abgeordneter der CDU galt als möglicherweise infiziert. Wäre sein Test positiv ausgefallen, hätte seine ganze Fraktion in Quarantäne gemusst. Die Wahl zum Ministerpräsidenten Thüringens hätte verschoben werden müssen. Das Land hätte noch immer keine Minister und keinen ordentlichen Ministerpräsidenten.

Wie beschlussfähig ist das Parlament noch?

Und in Berlin? Nach einem Verdachtsfall versetzte sich Bundesinnenminister Horst Seehofer selbst in Quarantäne. Ein Teilnehmer des EU-Innenministertreffens soll vergangene Woche Kontakt zu einem Coronavirus-Infizierten gehabt haben. Seehofer und alle Mitglieder der deutschen Delegation seien nach der Reise negativ auf das neuartige Coronavirus getestet worden, man wolle aber auch das Testergebnis der Kontaktperson noch abwarten. Der Minister sitzt deshalb vorerst fest, an seinem Wohnort in Ingolstadt.

Wenn die schnelle Ausbreitung des Coronavirus bereits den Bundesinnenminister von seiner Berlin-Reise abhält und geplante Abstimmungen nicht durchgeführt werden können, weil sich möglicherweise Politiker nicht im Parlament aufhalten dürfen: Wie beschlussfähig ist das Parlament noch?

Einen konkreten Plan für den Fall eines Shutdown im Bundestag scheint es bisher nicht zu geben. Zwar hatte Bundestagspräsident Wolfgang Schäuble bereits Anfang März in einer

Hausmitteilung die Abgeordneten ermahnt, dass auch für sie im Fall einer Infektion die Regeln der lokalen Gesundheitsbehörden gelten. Von Verboten ist aber keine Rede: "Dienstreisen, insbesondere in Risikogebiete, bitte ich, auf das zwingend notwendige Maß zu begrenzen", schreibt Schäuble.

Sollten aber nur wenige Politiker sich anstecken, sei die Pairing-Regelung eine Option, die der Bundestagspräsident mit den Geschäftsführern der Fraktionen besprochen habe. Das berichtet der Tagesspiegel mit Berufung auf Teilnehmer des Treffens. Für jedes infizierte Mitglied einer Fraktion, würde auch in den anderen Fraktionen jeweils ein Abgeordneter den Abstimmungen fernbleiben.

Zwar werden derzeit reihenweise Frühjahrsempfänge abgesagt und Verleihungen verschoben. Doch von Alarmstimmung sind die Fraktionen noch weit entfernt. "Der Ablauf verläuft bisher ohne Einschränkungen", bestätigt Linke-Pressesprecher Michael Schlick. "Es gibt bei uns eine interne 'Arbeitsgruppe Corona', sie berät, was man im Falle des Falles machen kann."

Bei der SPD kümmern sich Abgeordnete mit Know-how gleich mit um ihre Kollegen. Die Politikerin Sabine Dittmer beispielsweise war bis 2010 praktizierende Ärztin. Kollegen wie sie würden aktuell als Ansprechpartnerin für die Abgeordneten fungieren, heißt es bei den Sozialdemokraten.

Uneinigkeit in der CDU über Bundesparteitag

Für die CDU wird das Coronavirus die nächsten Wochen wohl zu einem doppelten Stresstest. Für sie geht es nämlich nicht nur darum, wie der Betrieb im politischen Berlin im Homeoffice gelöst werden kann. Sondern auch darum, ob sie Jens Spahn beim Wort nehmen und auf sämtliche Großveranstaltungen mit mehr als 1.000 Personen wegen hoher Ansteckungsgefahr verzichten sollen. Ärgerlich für die Partei wäre das, weil am 25. April der CDU-Parteitag in Berlin tagen soll – mit allein schon: 1.001 Delegierten. Hinzukommen Hunderte Gäste und Journalisten. Nach Meinung von Michael Grosse-Brömer, parlamentarischer Geschäftsführer der CDU/CSU-Bundestagsfraktion, ist die Großveranstaltung offenbar das Risiko wert. "Nach dem heutigen Stand bin ich der Auffassung, dass wir ihn stattfinden lassen sollten", sagte Grosse-Brömer am Dienstag.

Der CDU-Bundestagsabgeordnete Michael Hennrich, immerhin Obmann im Gesundheitsausschuss, sieht das ganz anders. "Der Parteitag sollte abgesagt werden. Wir müssen da als einzelne Politiker und als CDU mit gutem Beispiel vorangehen."

Und Spahn? Der Gesundheitsminister nimmt seine eigene Empfehlung offenbar nicht so ernst, wenn es um die Wahl des künftigen CDU-Vorsitzes geht – Spahn könnte Vizechef werden, sollte Armin Laschet die Wahl gewinnen. Auf die Frage, ob die Großveranstaltung denn nun nicht abgesagt werden sollte, wich Spahn aus. "Das müssen lokale Gesundheitsbehörden entscheiden", sagte der Gesundheitsminister auf der Bundespressekonferenz. So sei die Rechtslage.

Immerhin einen Ausblick verschaffte am Ende die noch amtierende Parteichefin: Die CDU werde bis Ende März entscheiden, ob sie trotz der Coronavirus-Gefahr an dem Parteitag festhalte, kündigte Annegret Kramp-Karrenbauer am Dienstagabend an.

05: Ökonomen fordern notfalls Beteiligung des Staates an Unternehmen

Führende Ökonomen haben ein Papier zur Bekämpfung der wirtschaftlichen Folgen des Coronavirus vorgelegt. So müsse die Bundesregierung von der schwarzen Null absehen.

11. März 2020, 11:02 Uhr Quelle: ZEIT ONLINE, dpa, AFP, Reuters, js 175 Kommentare

Führende Ökonomen in Deutschland haben angesichts der Corona-Krise deutlich schärfere wirtschaftspolitische Maßnahmen zur Vermeidung einer Rezession gefordert. Aus ökonomischer Perspektive sei die Situation "eine große Gefahr", sagte der ehemalige Wirtschaftsweise Peter Bofinger in Berlin. Gemeinsam mit fünf weiteren Ökonomen stellte er einen Plan vor, laut dem die schwarze Null "keine Handlungsmaxime" sein kann.

Für die Politik komme es darauf an zu kommunizieren, "dass sie in der Lage ist, die wirtschaftlichen Folgen der Krise effektiv einzudämmen", betonte Bofinger. So sprechen sie sich bei einer weiteren Verschärfung der Coronavirus-Krise dafür aus, dass sich der Staat notfalls an Unternehmen beteiligt.

Wenn es nicht gelingen sollte, die Ausbreitung der wirtschaftlichen Auswirkungen einzudämmen, sodass es in größerem Stil zu Unternehmensinsolvenzen käme, wäre als letzte Möglichkeit an Firmenbeteiligungen des Staates mit Eigenkapital zu denken. Dies wäre analog zur Rettung von Banken in der Finanzkrise 2008/2009, schreiben die Forscher. Auch sei eine "generelle Stundung" fälliger Steuerzahlungen für Unternehmen genauso denkbar wie eine "temporäre Herabsetzung der Einkommen- und Körperschaftsteuer", zitierte das Handelsblatt die Wirtschaftsforscher.

Politiker sollten von "schwarzer Null" abrücken

Die Ökonomen fordern die Bundesregierung daneben zu weitergehenderen Schritten auf als bisher beschlossen. Die große Koalition hatte etwa Erleichterungen beim Kurzarbeitergeld auf den Weg gebracht. Wirtschaftsforscher Bofinger bezeichnete dies als "sehr zielführende Maßnahme". Wenn erforderlich, müsse laut den Wirtschaftsforschern auch von der "schwarzen Null" im Staatshaushalt abgewichen werden und neue Schulden aufgenommen werden. Demnach müsse alles getan werden, um Liquiditätsengpässe bei Firmen zu vermeiden.

"Unvermeidbar" sind Bofinger zufolge die unmittelbaren Effekte für Unternehmen etwa in den Bereichen Tourismus, Kongresse, Verkehrssektor und der Gastronomie. Es müsse jedoch "soweit wie möglich verhindert werden, dass es darüber hinaus zu einer allgemeinen Vertrauenskrise", zu einem Anstieg der Arbeitslosigkeit, Insolvenzen und Schieflagen bei Banken komme.

Die Ökonomen plädieren laut Handelsblatt für ein Vorziehen des für Anfang 2021 geplanten Abbaus des Solidaritätszuschlags auf Juli. "Dies kann zu relativ geringen fiskalischen Kosten das Vertrauen in die Handlungsfähigkeit der Politik und in eine rasche wirtschaftliche Belebung nach dem Abflauen der Krise stärken", heißt es demnach. Auf diese Maßnahme hatte sich der Koalitionsausschuss am Sonntag nicht einigen können.

Wie Institute und Wirtschaftsverbände bereits deutlich gemacht hatten, drohen durch die Corona-Krise deutliche Rückgänge beim Wirtschaftswachstum in diesem Jahr. Das Risiko einer Rezession sei gestiegen.

06: Weiterer Coronavirus-Patient in Deutschland gestorben

Die Zahl der gemeldeten Todesfälle in Deutschland ist auf drei gestiegen. Der betroffene Patient kommt aus dem Kreis Heinsberg in Nordrhein-Westfalen.

11. März 2020, 12:32 Uhr Quelle: ZEIT ONLINE, dpa, Reuters, jci 46 Kommentare

In Nordrhein-Westfalen ist ein weiterer mit dem Coronavirus infizierter Patient gestorben. Es handele sich um eine Person aus dem Kreis Heinsberg in Nordrhein-Westfalen, sagte ein Vertreter des Kreises, ohne weitere Details zu nennen. Es ist der dritte bekannte Todesfall in Deutschland.

Bisher gab es in Deutschland zwei Todesfälle. Sie wurden ebenfalls aus Nordrhein-Westfalen gemeldet. In Essen starb eine 89-jährige Patientin. Im Kreis Heinsberg erlag ein 78-jähriger Mann der Infektion.

Der Kreis Heinsberg ist von der Coronavirus-Epidemie mit 365 Fällen bislang am stärksten betroffen. Insgesamt bestätigten die Behörden in Deutschland mehr als 1.600 Infektionen. Einige Patienten sind bereits wieder genesen.

Der nordrhein-westfälische Gesundheitsminister Karl-Josef Laumann (CDU) wies an diesem Mittwoch erneut darauf hin, dass eine Ausbreitung nicht verhindert werden könne. Es müsse aber alles daran gesetzt werden, die Ausbreitung so gut wie möglich zu verzögern, sagte er im Düsseldorfer Landtag. Ältere und vorerkrankte Menschen müssten besonders geschützt und das Gesundheitswesen funktionsfähig gehalten werden.

07: Ein Nagel im Sarg der kleinen Verlage

Die Leipziger Buchmesse findet wegen des Coronavirus nicht statt. Die großen Verlage beeinflusst das nicht so stark. Aber für die kleinen ist es eine Katastrophe.

Von Thomas Schmoll

11. März 2020, 13:13 Uhr 90 Kommentare

Es sollte so schön werden wie noch nie. Zum ersten Mal hatte es die Leipziger Buchmesse, die am Donnerstag hätte beginnen sollen, Verlagen gestattet, ihre Werke selbst und nicht nur über mobile Stände oder im Laden der Veranstaltung zu verkaufen. Eine riesige Menge potenzieller Kunden – rund 286.000 Besucherinnen waren es im vergangenen Jahr – hätte so erreicht werden können, und kein einziger Zwischen- und Buchhändler hätte mitverdient. Doch dann machte das Coronavirus einen Strich durch die Rechnung, die Messe wurde abgesagt.

So wurde das Spektakel zum Debakel: Besonders hart trifft es die kleinen, unabhängigen Verlage, für die Leipzig als explizite Publikumsmesse ohnehin von besonderer Bedeutung ist. Britta Jürgs spricht von einer "Katastrophe". Die Vorsitzende der Kurt-Wolff-Stiftung, in der sich mehr als 100 unabhängige Verlage engagieren, sagt: "Wir fiebern der Leipziger Messe immer entgegen. Denn für viele von uns ist sie das absolute Highlight des Jahres." Björn Bedey, einer der vier Sprecher der Interessengemeinschaft Unabhängige Verlage beim Börsenverein des Deutschen Buchhandels, meint: "Die großen Anbieter werden es verkraften. Die kleinen trifft die Entscheidung überproportional heftig."

Bedey, Geschäftsführer der Hamburger Verlagsgruppe Bedey Media, in der sich 18 unabhängige Verleger zusammengetan haben, hat dabei Verständnis für die Absage, um die Bevölkerung zu schützen. "Das ist nachvollziehbar." Er nehme es der Messe allerdings übel, dass sie "bis ganz kurz vor der Absage" in der vergangenen Woche verkündet habe, dass die

Schau definitiv stattfinden solle. Viele Kosten wären den Verlagen aus seiner Sicht erspart geblieben, wenn die Veranstalter früh signalisiert hätten, dass die Messe sehr wohl auch abgesagt werden könnte. Oliver Zille, Direktor der Buchmesse, verteidigt das Vorgehen. Dem Börsenblatt sagte er: "Für uns war klar: kein Statement, das Raum für Interpretationen zulässt" und "eine Absage schon impliziert". Erst nach dem Nein der Behörden sei das Event abgeblasen worden.

Ein paar Tausend Euro mehr oder weniger in den Kassen kann zwischen Gedeih und Verderb eines kleinen Verlags entscheiden – um die geht es aber zumeist bei Investitionen für die Messe, in Stände, Veranstaltungen und dergleichen mehr. Sebastian Wolter, einer der Geschäftsführer bei Voland & Quist, der Werke von Marc-Uwe Kling oder Nora Gomringer verlegt, spricht von einem vierstelligen Betrag, den der Verlag definitiv verloren habe. "In welcher Höhe genau, hängt auch von der Kulanz etwa der Hoteliers und der Bahn ab." Björn Bedey hatte Glück: "Ein freundlicher Vermieter hat uns sämtliche Übernachtungskosten erlassen." Bei Bahntickets sehe es ebenfalls gut aus.

In den Allgemeinen Geschäftsbedingungen der Messe heißt es: "Bei Ausfall der Messe wird die vorgesehene Mietzahlung gegenstandslos. Bereits entrichtete Beiträge werden zurückerstattet. Der Aussteller hat jedoch bereits ausgeführte Arbeiten und Dienstleistungen in voller Höhe zu zahlen." Messedirektor Oliver Zille sagte dem Börsenblatt, an der Rückzahlung werde gearbeitet, eine Taskforce sei gebildet worden. Auf ZEIT-ONLINE-Nachfrage sagte eine Sprecherin der Messe aber auch, die Sache sei sehr kompliziert und für jeden Aussteller müsse einzeln geprüft werden, was zurückgezahlt werde. "Es wird noch ein paar Tage dauern."

Doch selbst wenn die Beträge wieder auf den Konten der Unternehmen landen, geht Geld verloren. "Ganz zu schweigen von der vielen Zeit, die wir umsonst geopfert haben", sagt Björn Bedey. Vor allem schmerzen die fest einkalkulierten, aber nun verpassten Einnahmen aus Buchverkäufen. Sebastian Wolter geht hier von "mehreren Tausend Euro" aus. "Manche der unabhängigen Verlage machen auf der Messe mehr Umsatz, als sie der Stand kostet", erklärt auch Björn Bedey. Größtes Problem sei für ihn aber "der Verlust durch die fehlende Präsentation und die damit verbundene Sichtbarkeit unserer Bücher". Denn viele kauften die Veröffentlichungen erst später in ihrem Buchladen oder als E-Book. "Das für uns wichtige Frühlingsgeschäft findet im schlimmsten Fall nicht mehr statt – und das wird dann schnell existenzbedrohend."

Davon bleiben auch die Großen unter den Kleinen nicht unbeeindruckt. Im letzten Jahr gewann mit Schäfchen im Trockenen noch ein Buch aus dem Berliner Verbrecher Verlag den Preis der Leipziger Buchmesse, zuletzt sprach Verleger Jörg Sundermeier aber vor allem davon, wie bitter es zum Beispiel für die diesjährige Debütantin Alexandra Riedel sei, dass sie nun keine Termine im Rahmen der Messe wahrnehmen kann. "Bücher schaffen es zweimal im Jahr in die tagesschau – 2020 leider nur einmal", sagt Sundermeier nun gegenüber ZEIT ONLINE.

Britta Jürgs von der Wolff-Stiftung lobt speziell die Leipziger Messe als eine Chance, mit Lesern ins Gespräch zu kommen und Publikationen vorzustellen, "die es in großen Ladenketten nicht gibt". Schmerzlicher als der unmittelbare wirtschaftliche Verlust sei zudem, dass "die Messe als Ort der Begegnung und Vernetzung wegfällt". So sieht es auch Sonja Hintermeier, die den Scoventa Verlag im hessischen Bad Vilbel führt: "Ich war auf diversen Podien eingeladen, die sehr wichtig sind für uns."

Nach Angaben des Börsenvereins gibt es in Deutschland rund 3.000 Buchverlage, die jährlich etwas mehr als fünf Milliarden Euro Umsatz machen, wobei davon 95 Prozent auf die großen Anbieter entfallen. Den Rest teilen sich die kleinen Verlage. Die bringen zwar zusammen Tausende Werke heraus. Die aber haben allesamt – wenn überhaupt – marginale Bestsellerchancen, da sie auf ein winziges Publikum abzielen, etwa Fotobände oder Lyrik. Bisher schafften es die deutschen Verlage aller Größen, ohne direkte Subventionen auszukommen. Verschwänden die kleinen Akteure aber nun, ginge "viel kulturelles Kapital verloren", sagt Jörg Sundermeier, der auch im Vorstand der Wolff-Stiftung ist.

Während er und Jürgs eine mögliche Pleitewelle lediglich andeuten, spricht Bedey offen darüber. "Es ist nicht fünf vor, sondern zwanzig nach zwölf. Die Branche hat eine Katastrophe nach der anderen erlebt", sagt er und meint damit etwa gestiegene Portokosten für Büchersendungen, die Pleite eines großen Zwischenbuchhändlers und dass ein anderer 250.000 Werke aus dem Angebot genommen hat, weshalb sie viele Läden nicht bestellen können. "Seit Jahren wird ein Sargnagel nach dem anderen eingeschlagen – und je nach Größe ist der Sarg irgendwann zu und der nächste Verlag wird beerdigt", meint Bedey. Viele Kollegen hätten schon aufgegeben. "Die Marktbereinigung wird weitergehen. Und da frage ich mich, was am Ende übrig bleibt."

Tatsächlich schmiss in jüngerer Vergangenheit manch Eigentümer hin, ohne insolvent gewesen zu sein. Der Spaßfaktor war zu gering geworden. "Der Buchmarkt ist nicht auf dem Weg, lustiger zu werden", sagt Sundermeier. "Ich weiß, dass es vielen Kollegen nicht gut geht." Insofern sei die Leipziger Messe für ihn und seine Kollegen auch wichtig als Ort "riesiger Selbstvergewisserung und -ermunterung – warum mache ich das überhaupt? Wir ziehen uns da gegenseitig aus dem Sumpf". Dieses Jahr nicht.

08: Die deutsche Kulturbranche trifft es hart

Wenn Konzerte oder Lesungen wegen des Coronavirus abgesagt werden, kann das im Kunstbetrieb existenzielle Folgen haben. Der deutsche Kulturrat fordert finanzielle Hilfe.

11. März 2020, 13:13 Uhr Quelle: ZEIT ONLINE, dpa, raw 31 Kommentare

Angesichts vermehrter Veranstaltungsabsagen wegen des Coronavirus fordert der Deutsche Kulturrat einen Notfallfonds für betroffene Kunstschaffende. Die Branche brauche jetzt finanzielle Hilfe, sagte Olaf Zimmermann, Geschäftsführer des Deutschen Kulturrats. "Insbesondere kleinere und mittelständische Unternehmen sowie Freiberuflerinnen und Freiberufler haben oft keine finanziellen Polster, um Einnahmeausfälle aufzufangen."

Die Entscheidung des Berliner Kultursenators Klaus Lederer (Linke) zur Schließung der großen Säle der staatlichen Berliner Bühnen nannte er dennoch richtig und verantwortungsvoll: "Einfach schon deshalb, weil in diese Kultureinrichtungen ganz besonders viele ältere Menschen hineingehen, die auch zu der größten Risikogruppe zählen." Entsprechend sollten auch private Großveranstaltungen wegen der potenziellen Ausbreitung des Coronavirus abgesagt werden.

Von der Bundesregierung angekündigte Maßnahmen wie Erleichterungen beim Kurzarbeitergeld griffen bei Selbstständigen allerdings nicht, sagte Zimmermann. Deshalb seien andere Unterstützungsmaßnahmen erforderlich. Die Absage von Messen und Veranstaltungen treffe die Künstler stark, denn Honorare würden oft nur bei der Durchführung der Veranstaltung fällig. Zudem würden dort oft neue Aufträge angebahnt. Die für diese Woche geplante Leipziger Buchmesse und die lit.Cologne in Köln waren bereits abgesagt worden.

Viele öffentlich geförderte Kultureinrichtungen befürchten laut dem Kulturrat, dass öffentliche Mittel von Kommunen, Ländern oder dem Bund zurückgefordert werden könnten, weil sie zweckgebunden für bestimmte Vorhaben genehmigt wurden, die nun nicht stattfinden. Vielfach seien aber schon Ausgaben entstanden. Rückforderungen könnten dann existenzbedrohend sein.

Auch Lederer äußerte sich zu den finanziellen Folgen für die Kulturinstitutionen und hofft auf Hilfe von der Bundesebene: "Sie mit den finanziellen Folgen der Einschränkungen alleinzulassen, wäre unverantwortlich", sagte er.

Nicht mehr als 500 Personen im Raum

Das Kulturleben von Berlin und anderen deutschen Metropolen ist von diesem Mittwoch an wegen des neuen Coronavirus drastisch eingeschränkt. Die Aufführungen in den großen Sälen der staatlichen Berliner Häuser sind zunächst bis zum 19. April abgesagt. Auswirkungen auf Veranstalter wie die Philharmonie mit 2.250 Sitzen oder die Deutsche Oper für 1.885 Zuhörer könnten beträchtlich sein. Betroffen sind auch die Komische Oper mit 1.190 Plätzen, aber auch das Deutsche Theater mit 600 Sitzen und die Staatsoper Unter den Linden mit 1.300 Plätzen. "Für uns ist die Entscheidung bedauerlich, aber nachvollziehbar", sagte die Sprecherin der Deutschen Oper Berlin, Kirsten Hehmeyer. Man müsse nun darüber nachdenken, wie man etwa Karten erstatte.

Für Veranstaltungen in kleineren Häusern und Sälen bis zu 500 Zuhörern liegt die Risikobewertung zunächst bei den jeweiligen Einrichtungen. Auch das Festival Internationale Neue Dramatik (FIND), das vom 11. bis 22. März an der Schaubühne stattfinden sollte, wurde abgesagt.

In Bayern bleiben alle staatlichen Theater, Konzertsäle und Opernhäuser bis zum 19. April geschlossen. Die Bayerische Staatsoper in München will während der Schließung ausgewählte Stücke trotzdem auf die Bühne bringen – vor leeren Rängen. Zuschauer könnten die Aufführungen live übers Internet verfolgen, sagte ein Sprecher am Dienstag in München. Ein entsprechender Onlinespielplan soll in Kürze im Internet veröffentlicht werden. Von der Schließung betroffen ist auch die Uraufführung 7 Deaths of Maria Callas der Performancekünstlerin Marina Abramović am 11. April. Die Proben liefen trotzdem weiter, sagte der Opernsprecher. Ob und wann die Zuschauer das Stück erstmals sehen können, dazu machte er noch keine Angaben.

Coachella-Festival verschoben

Der Intendant der Hamburger Elbphilharmonie hingegen sah am Montag für eine generelle Absage der Veranstaltungen in seinem Haus keine Veranlassung. "Man muss sich auch genau die Situation ansehen. In einem Konzertsaal wie diesem hier – der ist geräumig, der ist modern, hat eine super Klimaanlage – hier ist die Gefahr auch für 2.000 Leute, sich anzustecken, sicher wesentlich geringer als in einem kleinen, engen, alten Saal oder in einem Club oder Ähnlichem", sagte Christoph Lieben-Seutter den tagesthemen. Bislang werden in der Elphi nur Konzerte abgesagt, wenn die Künstler dafür aus Risikogebieten anreisen müssen. Am Montag war deshalb ein Klavierkonzert des Italieners Maurizio Pollini ausgefallen und auf 2021 verschoben worden

Weltweit werden wegen des Coronavirus zahlreiche Kulturveranstaltungen verschoben oder abgesagt. Die Popsängerin Madonna lässt zwei Konzerte ihrer aktuellen Madame X Tour in Paris ausfallen. Der Gitarrist Carlos Santana sagte die Europatermine seiner Miraculous World Tour aufgrund "gesundheitsbehördlicher Entscheidungen und lokaler Reisebeschränkungen" ab. Das Musikfestival Coachella in Südkalifornien wird wegen des Coronavirus verschoben. Es solle nun im Oktober stattfinden, teilte der Veranstalter mit.

09: Wenn der Fußball verschwindet

Spiele finden ohne Zuschauer statt, bald vielleicht gar nicht mehr. Das ist richtig, aber auch eine ernste Nachricht. Niemand weiß, was ohne Fußball passiert.

Von Oliver Fritsch

11. März 2020, 13:25 Uhr 261 Kommentare

Unsere Tempel schließen die Pforten. Viele Bundesliga-Stadien bleiben fürs Volk bis auf Weiteres geschlossen. Nun wird dort kein Tor mehr aus Tausenden Mündern beschrien, kein Verein mehr von den größten Chören dieses Landes besungen. Auf den Rängen nur kalter Beton.

An diesem Mittwoch dürfen keine Zuschauer zum rheinischen Derby zwischen Gladbach und Köln, am Samstag wird Dortmund gegen Schalke, für viele im Ruhrpott das schönste Ereignis des Jahres, ohne Zuschauerinnen ausgetragen. Um die dynamische Ausbreitung von Corona einzudämmen, finden erstmals und auf unbestimmte Zeit in der Geschichte der Bundesliga Geisterspiele statt.

Geisterspiel – dieses Wort beschreibt die beklemmende Vorstellung eines Stadions ohne Menschen ziemlich gut. Doch es könnte sein, dass es dabei nicht bleibt: Vermutlich ist es nur eine Frage der Zeit, bis erste Spieler mit dem neuartigen Coronavirus infiziert werden. Dann ist es wiederum vermutlich nur eine Frage der Zeit, bis auch in Deutschland, wie in Italien oder der Schweiz, Spiele ausfallen. Oder gar Ligen einfach beendet werden, wie im deutschen Eishockey.

Fußball hat das Land stabilisiert

Diese Entscheidungen sind unbestritten richtig, kommen eher sogar zu spät. Corona ist kein Husten, wie manche Fans und Verantwortliche der Bundesliga offenbar noch immer meinen, und Fußballspiele sind Virenschleudern. Gleichwohl spüren sehr viele, dass die Maßnahmen eine traurige, gar ernste Botschaft enthalten. Der Fußball ist ein gesellschaftliches Subsystem, das seit mehr als hundert Jahren nicht nur da war, sondern das Land stabilisiert hat.

Millionen Menschen, nicht nur die im Stadion, haben den Fußball derart verinnerlicht, dass niemand weiß, was passiert, wenn er verschwindet.

Fußball ist auf der einen Seite Spiel, Spaß und Ablenkung, also fraglos verzichtbar. Auf der anderen Seite "trägt der Fußball protoreligiöse Züge", sagt der Politologe und Fußballexperte Richard Gebhardt, "indem nicht ohne Grund ein Fußballgott angebetet wird und vom Publikum messdienerhafte Rituale vollzogen werden." Ohne Opium brauche die Masse nun ein "Methadonprogramm", etwa, wie jetzt gefordert, billigere Sky-Abos. "Da ist die Politik instinktsicher."

Und viele Stadien mögen zwar aussehen wie Zweckbauten – und sind doch so viel mehr. Sie sind als Treffpunkt für viele Menschen so anziehend, dass die selbst dann hinpilgern, wenn sie wissen, dass sie nicht reindürfen. Wie die Tausenden Frankfurter, die vor gut einem Jahr nach London reisten, obwohl sie keine Tickets hatten. Sie feierten dann eben vor dem Stadion. Was übrigens der FC Basel als Grund anführt, weswegen er auf die Möglichkeit verzichtet, das Europacupspiel gegen die Eintracht in der nächsten Woche ohne Zuschauer auszutragen. Die Schweizer sagen lieber gleich ganz ab.

Stadien sich auch Arenen, in denen nicht nur fußballspezielle, sondern auch Konflikte ausgetragen werden, die über den Fußball hinausragen. So richtet sich der Protest der Ultras gegen Dietmar Hopp auf einer tieferen Ebene gegen die Ausuferungen des Kapitalismus. Ihre Sorge um Stehplätze und bezahlbare Preise ist die Sorge vor Gentrifizierung.

In deutschen Stadien wurde schon das deutsche Grundgesetz verteidigt, zum Beispiel das Recht auf sexuelle Selbstbestimmung. "In Kurven können starke demokratische Tendenzen entstehen", sagt Gebhardt. "Viele Ultras agierten als Frühwarnsystem gegen Rassismus." Andere entdeckten die jüdische Geschichte ihres Vereins, etwa die des 1. FC Nürnberg und des FC Bayern.

Ein leeres Stadion ist ein furchtbarer Ort

Manchmal sind Stadien Bühnen des Hasses, noch öfter aber der Integration und der Fraternisierung. Ein Tor, ein Sieg überbrückt die größten politischen Gräben, aus dem Jubel einer Kurve spricht ein großes "Wir". "Volkstümlich formuliert sind Stadien, wie Bordelle, Arenen des Affektabbaus, weshalb der misogyne Ruf 'Hurensohn' nicht zufällig erfolgte", sagt Gebhardt. Ein leeres Stadion ist ein locus horribilis, ein furchtbarer Ort.

Doch dem Fußball droht ein noch schlimmeres Szenario: Noch sprechen es nicht viele aus, aber es ist möglich, dass die Saison nicht zu Ende gespielt wird. Viele untrüglichere Krisensymptome als ein Shutdown der Bundesliga sind nicht denkbar. Der Biorhythmus vieler Deutscher kennt zwei wiederkehrende Termine: Heiligabend, wenn alles zur Ruhe kommt, und Samstag, 15.30 Uhr, wenn sich der Puls erhöht, weil man weiß: Gerade passiert Bedeutendes.

Eine gespenstische Dystopie

Selbst Fußballgegner kennen diese kitthafte Wirkung des Fußballs, manche sprechen abschätzig über "Brot und Spiele". Doch was soll falsch sein am Spiel und an dem, was es bietet? Nämlich seriellen Gesprächsstoff für sehr viele Männer und inzwischen auch Frauen sowie, ja, Geborgenheit und Heimat. Fußball bindet zudem alle Milieus ein, auch konservative und für rechtsradikale Ideologie offene. Man darf nicht übersehen: Pegida war auch deswegen so erfolgreich, weil es einsamen Menschen Begegnungen, ja, Freundschaften ermöglichte. Stadien können, so Gebhardt, "auch Orte der Regulierung und Zivilisierung niederer Gesinnung" sein. Nun könnten sich Spannungen neue Arenen und Gegner suchen.

Deutschland ohne regelmäßigen Fußball – das hat jedenfalls noch niemand erlebt. Zum letzten Mal wurde 1945 der Ligenbetrieb abgebrochen, nicht mal überall, im Gau Hamburg spielte noch am 29. April der HSV gegen Altona 93. Und die zum Saisonende bereits nicht mehr existierende DDR ermittelte 1991 ihren letzten Meister Hansa Rostock.

Angesichts der aktuellen Corona-Lage kann dies alles natürlich kein Argument sein. Wenn die Gesundheit von Menschen auf dem Spiel steht und der nationale Notstand verhindert werden muss, kann man auf den Fußball keine Rücksicht nehmen. Dennoch gleicht die Frage, die im Raum steht, für viele einer gespenstischen Dystopie: Gibt es 2020 keinen Deutschen Fußballmeister?

10: Bank of England senkt Leitzins

Die britische Notenbank hat auf die wirtschaftlichen Auswirkungen der Coronavirus-Epidemie reagiert. Die EZB wird am Donnerstag entscheiden.

11. März 2020, 14:09 Uhr Quelle: ZEIT ONLINE, dpa, tgr 18 Kommentare

Immer mehr Notenbanken reagieren wegen der zunehmenden Auswirkungen der Coronavirus-Krise auf die Wirtschaft. Die Bank of England in London verkündete nach einer außerordentlichen Sitzung, dass der britische Leitzins um 0,5 Punkte auf 0,25 Prozent gesenkt wird. "Obwohl das Ausmaß des wirtschaftlichen Schocks der Ausbreitung des Coronavirus höchst ungewiss ist, wird sich die Aktivität in Großbritannien in den kommenden Monaten wahrscheinlich erheblich abschwächen." Als nächste könnte die EZB bereits an diesem Donnerstag Maßnahmen zur Stützung der Wirtschaft beschließen.

Als erste bedeutende Zentralbank hatte die Bank of Japan bereits Anfang März das nationale Finanzsystem mit zusätzlicher Liquidität versorgt. Dazu wurde den Banken übergangsweise der Ankauf von Staatsanleihen im Wert von 500 Milliarden Yen (etwa 4,2 Milliarden Euro) angeboten.

Die US-Notenbank ist bereits mehrfach aktiv geworden. Zunächst hatte die Federal Reserve vor einer Woche den Leitzins um einen halben Prozentpunkt auf einen Korridor von 1 bis 1,25 Prozent gesenkt. Es war die erste Notfall-Zinssenkung der Fed seit der weltweiten Finanzkrise vor mehr als zehn Jahren. In dieser Woche legte die Fed nach und erhöhte ihre Geldspritzen für das Finanzsystem. Dazu wurden Geschäfte, bei denen sich die Kreditwirtschaft mit Zentralbankgeld versorgen kann, deutlich ausgeweitet.

EZB entscheidet am Donnerstag

Die EZB wartet bislang noch ab, hat aber bereits versichert, sie beobachte die wachsende Unsicherheit und steigende Risiken für die Konjunktur genau. "Wir sind bereit, bei Bedarf geeignete und gezielte Maßnahmen zu ergreifen, die den zugrunde liegenden Risiken angemessen sind", hatte EZB-Präsidentin Christine Lagarde erklärt.

Der EZB-Rat trifft sich am Donnerstag in Frankfurt. Volkswirte erwarten, dass die EZB ihren Einlagezinssatz von bislang minus 0,5 Prozent weiter um 0,1 Punkte drücken könnte. Außerdem könnte sie das Volumen ihrer Anleihekäufe erhöhen und so mehr Geld in den Wirtschaftskreislauf schleusen. Eine Leitzinssenkung kommt nicht in Betracht, weil der

Leitzins, zu dem sich Banken mit EZB-Geld versorgen, bereits seit mehreren Jahren bei null Prozent liegt.

Subkorpus 2

11: Statistisches Bundesamt: Deutliches Umsatzplus für Einzelhandel

Im deutschen Einzelhandel steigt mit den Corona-Lockerungen der Umsatz wieder. Mit rund 13 Prozent verzeichnete die Branche im Mai den größten bisher gemessenen Anstieg.

1. Juli 2020, 9:08 Uhr Quelle: ZEIT ONLINE, Reuters, fin 48 Kommentare

Für die Einzelhändler geht es hierzulande wieder aufwärts: Die Lockerungen in der Corona-Krise haben ihnen im Mai den stärksten Umsatzanstieg seit mindestens 26 Jahren eingebracht. Im Vergleich zum Vormonat steigerten sie laut Angaben des Statistischen Bundesamtes die Erlöse um 13,4 Prozent. Preisbereinigt (real) fiel das Plus mit 13,9 Prozent noch stärker aus und war zugleich der größte Umsatzanstieg seit Beginn der Datenerhebung 1994.

"Damit konnte der Einzelhandel die Corona-bedingten Umsatzeinbußen der Vormonate wieder ausgleichen", hieß es von den Statistikern. Im April hatte es wegen Geschäftsschließungen aufgrund der Viruspandemie noch ein reales Minus von 6,5 Prozent zum Vormonat gegeben.

In den ersten fünf Monaten liegen die Umsätze nun nominal 2,4 Prozent über dem Niveau vor einem Jahr, real 1,2 Prozent. Das größte Umsatzplus zum Vorjahresmonat mit knapp 29 Prozent erzielte im Mai der Internet- und Versandhandel. Der Einzelhandel mit Lebensmitteln, Getränken und Tabakwaren schaffte real ein Plus von knapp fünf Prozent.

12: Zahl der Arbeitslosen und Beschäftigten in Kurzarbeit weiter gestiegen

Die Zahl der Arbeitslosen ist im Juni um 40.000 auf 2,853 Millionen gestiegen. Durch die Corona-Krise leben außerdem immer mehr Menschen von Hartz IV.

1. Juli 2020, 10:33 Uhr Quelle: ZEIT ONLINE 60 Kommentare

Die Corona-Krise wirkt sich weiter drastisch auf den Arbeitsmarkt aus: Im April waren nach Angaben der Bundesagentur für Arbeit (BA) 6,83 Millionen Menschen in Deutschland in Kurzarbeit. Im März hatte die Zahl noch bei 2,49 Millionen gelegen. Das teilte die Behörde in Nürnberg bei der Bekanntgabe der neuen Arbeitsmarktzahlen mit.

Erfahrungsgemäß wird Kurzarbeit nicht in allen angezeigten Fällen realisiert. Die Bundesagentur rechnet mit den Betrieben mit einer Verzögerung von drei Monaten ab.

Damit war im April die höchste jemals ermittelte Zahl von Kurzarbeitenden in der Bundesrepublik erreicht. Und auch die Zahl der Arbeitslosen in Deutschland ist wegen der Folgen der Corona-Krise erneut gestiegen. Im Juni waren 2,853 Millionen Menschen ohne Job, das waren 40.000 mehr als im Mai und 637.000 mehr als vor einem Jahr. Die Arbeitslosenquote stieg binnen Monatsfrist um 0,1 Prozentpunkte auf 6,2 Prozent, teilte die Bundesagentur für Arbeit mit.

Insgesamt waren 2.853.000 Menschen arbeitslos gemeldet. Der Anstieg ist damit zwar hoch, allerdings habe sich die negative Entwicklung etwas verlangsamt, erklärter Behördenchef Detlef Scheele. Im Mai war die Zahl der Arbeitslosen noch um 169.000 gegenüber April geklettert; von März auf April waren es sogar 308.000.

"Der Arbeitsmarkt ist wegen der Corona-Pandemie weiterhin unter Druck", sagte der BA-Vorstandschef. "Der massive Einsatz von Kurzarbeit stabilisiert aber den Arbeitsmarkt."

Zahl der Menschen in Grundsicherung ist auch gestiegen

Gestiegen ist in der Corona-Krise auch die Zahl der Hartz-IV-Empfängerinnen und -Empfänger in Deutschland. Deren Zahl habe im Juni bei 4,076 Millionen gelegen, 152.000 Personen mehr als im Juni 2019. Damit waren im Juni nach Angaben der Bundesagentur 7,5 Prozent der Personen im erwerbsfähigen Alter auf Hilfe angewiesen. Hintergrund für den Anstieg dürften die erleichterten Zugangsbedingungen für die Grundsicherung sein. Derzeit ist eine Vermögensprüfung für sechs Monate lang ausgesetzt, auch vorhandenes Vermögen muss zunächst nicht verwertet werden. Besonders viele Solo-Selbstständige haben in den vergangenen Wochen Grundsicherung beantragt. Für sie greifen die Soforthilfen nämlich nicht, weil diese nur die Betriebskosten decken, nicht aber vorgesehen sind, um den Lebensunterhalt zu finanzieren, weil Aufträge weggebrochen sind.

13: Ifo-Institut erwartet starkes Wirtschaftswachstum

Nach der Corona-Rezession rechnet das Ifo-Institut mit einem starken Aufschwung in der zweiten Jahreshälfte. Bis Ende 2021 könnte sich die Wirtschaft komplett erholen.

1. Juli 2020, 12:31 Uhr Quelle: ZEIT ONLINE, dpa, AFP, als 47 Kommentare

Das Institut für Wirtschaftsforschung (Ifo) erwartet nach der Corona-Rezession einen starken wirtschaftlichen Aufschwung für die zweite Hälfte des Jahres. Im dritten Quartal soll demzufolge die Wirtschaft im Vergleich zum vorigen Quartal um 6,9 Prozent wachsen, im vierten um 3,8 Prozent.

"Von nun an geht es schrittweise wieder aufwärts", sagte Ifo-Konjunkturchef Timo Wollmershäuser. Die kräftigen Raten der zweiten Jahreshälfte erklärte Wollmershäuser durch die niedrige Produktion an Waren und Dienstleistungen während der Schließung der Wirtschaft. "Mittlerweile wurde dies gelockert oder für manche Wirtschaftszweige aufgehoben", so Wollmershäuser.

Allerdings stellen die Wirtschaftsforscher des Ifo-Instituts ihre Prognose unter Vorbehalt: Bei den Annahmen über den weiteren Verlauf der Epidemie und die politischen Reaktionen bestehe hohe Unsicherheit. Auch die erwartete Erholung wird nach Ifo-Einschätzung den Einbruch in der ersten Jahreshälfte nicht ausgleichen. Für das Gesamtjahr 2020 sagt das Institut daher einen Einbruch der Wirtschaftsleistung um 6,7 Prozent voraus. Für 2021 erwartet das Institut ein Wachstum von 6,4 Prozent. Somit könnte die deutsche Wirtschaft bis Ende 2021 wieder ihre Leistung von Ende 2019 erreicht haben.

"Wirtschaftliches Wachstum in den Vordergrund stellen"

"Das bedeutet, dass Deutschland wie andere Länder auch einen permanenten Wohlstandsverlust erleidet", sagte Ifo-Chef Clemens Fuest. Er gehe nicht davon aus, dass die Wachstumsrate sich dauerhaft verlangsamen werde. Allerdings hätte die Wirtschaft ohne die Corona-Krise "Ende 2021 schon weit jenseits des Niveaus von 2019 sein können", sagte Fuest.

Fuest appellierte an die Bundesregierung, die "wirtschaftliche Erholung und wirtschaftliches Wachstum in den nächsten Monaten und Jahren in den Vordergrund" zu stellen. Das Konjunkturpaket leiste dazu einen Beitrag. Er gehe dennoch davon aus, dass die im Rahmen des Pakets beschlossene vorübergehende Senkung der Mehrwertsteuer nur einen begrenzten

Effekt habe: Die Erfahrungen auch in anderen Ländern zeigten, dass Mehrwertsteuersenkungen nicht vollständig an die Konsumenten weitergegeben würden.

Die Zahl der Arbeitslosen 2020 wird dem Institut zufolge im Jahresdurchschnitt bei 2,7 Millionen liegen. 2019 waren es 2,3 Millionen. Für kommendes Jahr rechnet das Institut mit einem Schnitt von 2,6 Millionen Arbeitslosen. Damit steigt die Quote in diesem Jahr von 5,0 auf 5,9 Prozent. Nächstes Jahr soll sie bei 5,6 Prozent liegen.

14: VW stoppt Pläne für neues Werk in der Türkei

Wegen der Corona-Krise kippt Volkswagen seine Pläne für Investitionen in der Türkei. Eigentlich hätte nahe Izmir ein Werk mit 4.000 Angestellten entstehen sollen.

1. Juli 2020, 12:39 Uhr Quelle: ZEIT ONLINE, dpa, Reuters, fin 121 Kommentare

Die Corona-Krise hat dem VW-Konzern wirtschaftlich geschadet. Nun stoppt das Unternehmen die Pläne für den Bau eines neuen Werks in der Türkei. Als Folge des Einbruchs der globalen Automobilnachfrage, wie es heißt.

Das Projekt für die Fabrik in Manisa bei Izmir war eigentlich so gut wie beschlossen, aber im Herbst bereits wegen der Militäroffensive im angrenzenden Syrien ausgesetzt und die Entscheidung später mehrfach verschoben worden. Ursprünglich hatte der Konzern für rund eine Milliarde Euro in Manisa ein Mehrmarkenwerk mit einer Jahreskapazität von 300.000 Fahrzeugen und rund 4.000 Beschäftigten erreichten wollen. Ende 2020 sollte mit dem Bau begonnen werden, der Produktionsstart wäre dann für 2022 vorgesehen gewesen.

Die Automobilwoche berichtete außerdem, dass VW den Mittelklassewagen Passat und den baugleichen Škoda Superb nun in der slowakischen Fabrik Bratislava bauen wolle. Dafür wolle VW zusätzliche Investitionen von einer halben Milliarde Euro bereitstellen. Der Konzern äußerte sich dazu nicht. Die bisherigen Fertigungsstandorte dieser Modelle in Emden und Kvasiny sollen früheren Informationen zufolge neue Modelle bekommen: Emden wird auf E-Autos umgestellt, das tschechische Škoda-Werk soll künftig SUV bauen.

15: Regierungsbefragung: Merkel verteidigt Seehofers Umgang mit "taz"-Kolumne

Gespräche mit Presserat und Redaktion sind laut Bundeskanzlerin der richtige Weg. Im Bundestag äußerte sie sich außerdem zur Frauenquote und zur EU-Ratspräsidentschaft

1. Juli 2020, 16:03 Uhr Quelle: ZEIT ONLINE, AFP, dpa, and 57 Kommentare

Bundeskanzlerin Angela Merkel (CDU) hat Bundesinnenminister Horst Seehofer (CSU) in seinem Umgang mit einer taz-Kolumne verteidigt, die die Polizei kritisiert. Seehofer habe die Unterstützung der gesamten Bundesregierung, sagte Merkel in einer Fragestunde im Bundestag auf eine Frage der AfD. Sie halte es für die "absolut richtige Reaktion", sich hinter die Polizisten zu stellen und zugleich das Gespräch zu suchen. Die AfD hatte Merkel vorgeworfen, für eine "Linksverschiebung in der Union" zu sorgen.

Es sei höchst besorgniserregend, dass Angriffe auf die Polizei zugenommen hätten, sagte Merkel. Sie unterstütze es auch, dass der Innenminister die Kolumne zum Anlass genommen habe, ein Gespräch mit dem Presserat und der taz-Redaktion zu suchen. In dem wohl satirisch gemeinten Beitrag sinnierte Hengameh Yaghoobifarah über die Abschaffung der Polizei und mögliche Berufsalternativen für Polizistinnen und Polizisten. Am Ende kommt Yaghoobifarah zu dem Schluss, dass Polizeibeamte am besten auf einer Mülldeponie arbeiten sollten. Seehofer hatte zunächst eine Strafanzeige angekündigt, aber schließlich doch darauf verzichtet.

In ihrem Eröffnungswort blickte Merkel auf die deutsche EU-Ratspräsidentschaft: "Wir übernehmen in einer schwierigen Zeit für ein halbes Jahr den Vorsitz", sagte sie. Die Positionen der Mitgliedsstaaten lägen derzeit noch weit auseinander. Zur Vorbereitung der nächsten Sitzung seien daher noch viele Gespräche nötig. Besonders wichtig sei ihr während der EU-Ratspräsidentschaft, dass die wirtschaftliche Erholung allen zugute komme, sagte Merkel. Dazu gehöre es auch, junge Menschen zu stärken.

Bedeutend für die Ratspräsidentschaft sei auch das künftige Verhältnis zum Vereinigten Königreich. Die EU hat laut Merkel mit Großbritannien vereinbart, die Verhandlungen zu beschleunigen, um zum Ende des Jahres ein Abkommen beschließen zu können. Es sei aber auch wichtig, sich für den Fall vorzubereiten, dass es keines geben werde.

"Wir werden Werkverträge in der Fleischbranche abschaffen"

In der anschließenden Fragestunde im Bundestag sagte Merkel in Bezug auf die Situation in der Fleischbranche, man werde Werkverträge dort abschaffen. Dadurch könnten zwar die Kosten steigen, aber es gebe möglicherweise wieder mehr Wettbewerb unter kleineren

Betrieben, sagte Merkel. Sollte Fleisch teurer werden, würde sich dies auch im Hartz-IV-Satz niederschlagen.

Im Konjunkturprogramm stünden 300 Millionen Euro zur Verfügung, um möglichst schnell Ställe unter Tierwohlgesichtspunkten umbauen zu können, sagte Merkel weiter. Dies dürfe aber nicht so gestaltet werden, dass es am Schluss keine Bäuerinnen und Bauern mehr gebe, die Tiere halten wollten. "Wir müssen beim Tierwohl unbedingt etwas tun." Es könne jedenfalls nicht sein, dass aus dem Ausland, etwa aus Dänemark, viele Rinder oder Schweine hier in Deutschland geschlachtet würden, "weil es hier so schön billig ist".

Eine Aussetzung des Fachkräftezuwanderungsgesetzes, wie von der AfD-Fraktion gefordert, lehnte Merkel trotz zunehmender Arbeitslosigkeit aufgrund der Corona-Pandemie ab. Die Zuwanderung von Fachkräften sei unabdingbar, trotz der schwierigen Bedingungen auf dem Arbeitsmarkt. Die Situation sei ja auch nicht entstanden, weil die Bundesregierung in der Sache politisch falsch entschieden hätte, sondern wegen der Krise. "Ich glaube, dass es richtig war, dass wir humanitär gehandelt haben", sagte Merkel.

Eine verbindliche Frauenquote in den Vorständen großer Unternehmen lehnte die Bundeskanzlerin nicht ab. "Ich halte es für absolut unzureichend, dass es immer noch börsennotierte Unternehmen gibt, in denen nicht eine einzige Frau im Vorstand ist", sagte Merkel. "Das ist ein Zustand, den kann man nicht vernünftig finden." Über das Thema sei sie "im engen Gespräch" mit Bundesjustizministerin Christine Lambrecht (SPD), die eine gesetzliche Frauenquote für Unternehmensvorstände plant. In der Union stößt eine solche Vorgabe allerdings immer noch auf Vorbehalte. "Ich setze mich dafür ein, dass wir für gute Lösungen gute Mehrheiten bekommen", sagte Merkel.

Epidemische Lage laut Merkel weiter gerechtfertigt

Aus der SPD kam Kritik an der Entscheidung, den Kündigungsschutz für Mieterinnen und Mieter während der Corona-Pandemie auslaufen zu lassen. Merkel räumte ein, dass es in dieser Frage eine vielschichtige Diskussion gegeben habe. Die Regelung sei jedoch ein tiefgreifender Eingriff in die Vertragsfreiheit. Auch Vermieterinnen und Vermieter seien in wirtschaftlicher Not. Durch Maßnahmen wie Kredite und Zuschüsse könne es verantwortet werden, die Regelung nicht zu verlängern.

Die FDP-Fraktion forderte wiederum, die epidemische Lage zu beenden, die dem Bund mehr Kompetenzen gewährt. Jetzt sei nicht die Stunde, um nach Beendigung der epidemische Lage zu fragen, entgegnete Merkel. "Ich bin nicht ruhig in Bezug auf die Ausbreitung des Virus. Deswegen tun wir gut daran, nicht zu sagen, wir sind raus aus der Gefahr." Eine Lage wie in

Gütersloh oder Berlin-Neukölln könne an jeder Stelle in der Bundesrepublik jederzeit entstehen. Eine permanente Prüfung der Gerichte sichere eine offene demokratische Atmosphäre trotz der epidemischen Lage. "Die Lage ist so, dass ich die epidemische Lage weiter für gerechtfertigt halte", sagte Merkel.

16: Politische Immunität

Von Theresa Palm

1. Juli 2020 DIE ZEIT Nr. 28/2020, 2. Juli 2020

Ein amtlicher Ausweis für etwas, das es gar nicht gibt? Klingt absurd, wird aber gerade diskutiert, und zwar nicht von irgendwem: Bundesgesundheitsminister Jens Spahn hat den Deutschen Ethikrat beauftragt, über einen Immunitätsausweis für das Coronavirus Sars-CoV-2 zu beraten. Für alle, die bereits eine Infektion durchgemacht haben, hätte so ein Papier seinen Reiz – es könnte wie ein Freifahrtschein wirken: Ich bin ungefährlich, und mir kann nichts mehr passieren!

Beim Ethikrat heißt es, bis zu einer Stellungnahme dauere es noch, wegen der "Komplexität der Lage". Dabei ist die Lage gar nicht so komplex: Was der Ausweis bescheinigen soll – die Immunität gegen Covid-19 –, existiert so nicht. Das fiel auch der SPD auf: Immunitätsausweise ergäben nur Sinn, falls es eine Immunität tatsächlich gebe und erst wenn sie durch Impfung erzeugt werden könne, twitterte die Bundesvorsitzende Saskia Esken.

Eine Impfung ist jedoch noch in weiter Ferne. Und ob jemand nach einer überstandenen Infektion tatsächlich niemanden mehr anstecken kann, ist noch nicht klar. In Südkorea wurden Ende April Menschen, die als genesen galten, erneut positiv auf das Coronavirus getestet. Die Forscher vermuten zwar, dass es sich um tote Virenreste handelte, aber es ist eben nicht sicher, dass Genesene nicht wieder ansteckend werden können.

Ebenso wenig sicher ist, ob einmal Infizierte danach selbst gegen das Virus geschützt sind. Das Coronavirus könnte mutieren. Außerdem ist es möglich, dass Genesene ihre Antikörper wieder verlieren. Eine Studie in Nature Medicine zeigt, dass besonders bei Menschen, die symptomfrei blieben, die Antikörper nach zwei bis drei Monaten wieder verschwunden sein können.

Ein Immunitätsausweis wäre also eine Phantom-Bescheinigung. Wenn Jens Spahn nun den Ethikrat erörtern lässt, ob so ein Papier ethisch vertretbar wäre, ist das pure Symbolpolitik.

17: UN-Sicherheitsrat fordert wegen Coronavirus globale Waffenruhe

Nach monatelangem Streit zwischen China und den USA hat der Sicherheitsrat einstimmig eine Resolution verabschiedet. Darin wird eine weltweite Waffenruhe verlangt.

1. Juli 2020, 17:25 Uhr Quelle: ZEIT ONLINE, dpa, AFP, and 33 Kommentare

Der UN-Sicherheitsrat hat eine Resolution beschlossen, die wegen der Coronavirus-Pandemie vorübergehend eine globale Unterbrechung von Kampfhandlungen fordert. Die von Frankreich und Tunesien eingebrachte Resolution wurde nach Angaben von Diplomaten einstimmig angenommen. Einzige Ausnahme der Waffenruhe sollen demnach Militäreinsätze gegen Dschihadisten sein.

Zuvor hatte ein monatelanger Streit zwischen den USA und China zu einer Blockade geführt, die der deutsche Außenminister Heiko Maas angesichts der weltweiten Bedrohung durch das neue Coronavirus ein Armutszeugnis nannte. Ein Streitpunkt zwischen China und den USA war die Nennung der Weltgesundheitsorganisation WHO. US-Präsident Donald Trump wirft der Organisation vor, im Sinne Chinas zu handeln, und will sie nicht in dem Text erwähnt sehen – die chinesische Regierung dagegen bestand bis zuletzt darauf.

Im neuen Entwurf ist die WHO nicht direkt genannt. Stattdessen ist nur von "allen relevanten Teilen des UN-Systems" die Rede und es wird auf eine Resolution der Vollversammlung verwiesen, die die WHO erwähnt. Die Zerstrittenheit des mächtigsten UN-Gremiums angesichts der größten Gesundheitsbedrohung der Gegenwart war in den vergangenen Wochen von Ratsmitgliedern bereits als "Schande", die Diskussion über das Wort "WHO" als "verrückt" bezeichnet worden.

Deutschland führt Sicherheitsrat für einen Monat

Außenminister Maas wird am Donnerstag eine Sitzung des Sicherheitsrates zum Thema Corona leiten. Deutschland sitzt dem Gremium vom 1. Juli an für einen Monat vor. UN-Generalsekretär António Guterres hatte bereits im März zu einer weltweiten Waffenruhe aufgerufen, damit alle Länder sich auf die Bemühungen gegen die Coronavirus-Pandemie konzentrieren können. Auch mit der neuen Resolution ist aber ungewiss, welche Auswirkungen dies auf die Konflikte in aller Welt haben wird.

18: Es wird eng im Schweinestall

Schweinemäster können ihre Tiere nicht mehr verkaufen, weil bei Tönnies der Betrieb stillsteht. Der Vorgang zeigt, wie anfällig die Lieferkette der Fleischproduktion ist.

Von Mareike Patock, Rheda-Wiedenbrück

1. Juli 2020, 17:39 Uhr 365 Kommentare

Gero Röhlmann streut jetzt mit seinen Mitarbeitern Stroh aus, wie er am Telefon erzählt. Sie stellen Futterautomaten auf und Mörtelkübel, die später mit Wasser gefüllt werden können. So richten er und seine Leute im Getreidelager seines Betriebs eine Notunterkunft ein – für Schweine. Der Landwirt aus dem Münsterland will vorbereitet sein: "Für den Fall, dass sich die Situation nicht entspannt", sagt er und meint damit die Situation bei Tönnies.

Röhlmann ist Schweinehalter, sein Hof zählt 8.500 Mastplätze. "Pro Jahr habe ich etwa 27.000 Tiere im Umschlag", sagt er. Normalerweise fährt dreimal die Woche ein Lkw vor, um Tiere abzuholen, "etwa 500 Schweine pro Woche". Der Laster fährt nach Rheda-Wiedenbrück, etwa 50 Autominuten von Röhlmanns Mastbetrieb entfernt, zu Tönnies, Deutschlands größtem Schlachthof. Gut 20.000 Tiere werden dort üblicherweise am Tag geschlachtet. Doch nachdem mehr als 1.500 Beschäftigte positiv auf Corona getestet worden waren, ist Tönnies seit Tagen dicht.

Der Schlachtkonzern im Lockdown – auf die ersten Schweine haltenden Betriebe hat das Auswirkungen. Rund 20.000 davon gibt es in Deutschland. Röhlmanns Unternehmen ist eines davon.

Kein Platz für neue Ferkel

"Ich kann im Moment so gut wie keine Schweine verkaufen", sagt der Mäster. Nur ein Drittel seiner Tiere, die jetzt in Rheda hätten geschlachtet werden sollen, sei abgeholt worden. "Die wurden umgeleitet zum Tönnies-Schlachthof in Sögel im Emsland." Er habe versucht, die übrigen Tiere zu anderen Schlachthöfen bringen zu lassen. Aber viele Betriebe würden gerade nur auf 80 Prozent laufen, ihnen fehle es an Mitarbeitern. Viele Arbeitskräfte aus Osteuropa seien nicht zurückgekommen. Sie hätten Angst, auch in der Quarantäne zu landen wie ihre Landsleute bei Tönnies, sagt er.

Röhlmanns eigentlich schlachtreife Tiere stehen daher weiter im Stall. Das ist ein Problem, denn im durchgetakteten System der Fleischherstellung hängt alles zusammen. Der Landwirt erklärt die Produktionskette: Die Ferkel blieben elf Wochen nach der Geburt beim Züchter, dann kämen sie in die Mastbetriebe. Denn es würden neue Ferkel geboren, für die die Züchter den Platz bräuchten. Weil aber Röhlmann seine schlachtreifen Tiere derzeit nur bedingt loswird, fehlt ihm auf Dauer der Platz für neue Ferkel.

"Ein bisschen Luft" hätten die Züchter in den Ställen, sagt der Sprecher des Westfälisch-Lippischen Landwirtschaftsverbands, Hans-Heinrich Berghorn. "Im Moment geht es daher noch gut. Aber das Problem wird täglich gravierender." Die Züchter könnten die schlachtreifen Schweine nicht ewig zurückhalten.

Gut 100 Tage würden die Schweine gemästet, bei etwa 125 Kilogramm Lebendgewicht seien sie schlachtreif, sagt Tony Roob, geschäftsführender Vorstand der Produktivgenossenschaft Leezen bei Schwerin. Das Problem nun: Mit jedem zusätzlichen Tag, den die Schweine im Stall stehen, werden sie schwerer. "In der Endmast nehmen sie 1.000 Gramm pro Tag zu." Viel Gewicht bringe viel Geld, könnte man meinen. Aber das Gegenteil ist der Fall. "Ab einem Gewicht von 135 Kilo fällt das Tier in eine andere Fleischklasse", sagt Roob. "Dann bekomme ich 35 bis 40 Prozent weniger Erlös." Das verfüge allerdings nicht Tönnies. "Die Schlachtkörperpreise werden an der Börse gehandelt. Die gibt Tönnies nur weiter."

Rund 5.500 Schweine im Jahr stallt Roob in seinem Betrieb ein. Ebenso wie Landwirt Röhlmann aus dem Münsterland lässt auch die Produktivgenossenschaft aus Mecklenburg-Vorpommern ihre Tiere über einen Händler bei Tönnies schlachten – allerdings meist nicht in Rheda, sondern in dessen Fabrik im sachsen-anhaltinischen Weißenfels. Doch auch dort nehme man seine Schweine derzeit nicht ab, sagt Roob, weil anstehende Schlachtungen aus Rheda dorthin umgeleitet worden seien. 256 Tiere werde er daher nicht los. Wann und wo er sie schlachten lassen könne, sei noch völlig unklar.

Ins Ausland verkaufen, "nach Polen vielleicht"

Roob überlegt jetzt, die Tiere ins Ausland zu verkaufen. "Nach Polen vielleicht." Allerdings sei das ein größerer logistischer Aufwand – und weniger Geld gebe es für das Fleisch auch noch.

Eigentlich müsste der Lockdown bei Tönnies in den nächsten Tagen beendet sein, vierzehn Tage sind dann vergangen. Gero Röhlmann glaubt jedoch nicht, dass der Rhedaer Schlachtriese so bald wieder an den Start gehen wird. "Aber wenn sich die Situation noch länger als eine Woche hinzieht, gibt es richtig Chaos." Tony Roob befürchtet sogar, dass einige kleinere Betriebe über kurz oder lang aufgeben könnten, sollte sich die Situation nicht regulieren. "Wir brauchen eine gewisse Sicherheit bei den Absätzen", sagt er.

Der Vizepräsident des Westfälisch-Lippischen Landwirtschaftsverbands, Wilhelm Brüggemeier, befürchtet ebenfalls "gewaltige Probleme in der Kette", wenn der Tönnies-Standort in Rheda nicht bald seinen Betrieb wieder aufnehme. Er fordert Lösungen von der Politik.

"Regionale Landwirtschaft mit kürzeren Wegen"

Frigga Wirths, Fachreferentin für Tiere in der Landwirtschaft beim Deutschen Tierschutzbund, weiß, wie wenig Bauern heute an ihrem Fleisch verdienen. "Das ist ein knallhartes Geschäft", sagt sie. Die eng getaktete Produktionskette sei eine Konsequenz daraus. Wirths sieht das ganze System kritisch. In der Schlachtwirtschaft seien in Deutschland "absolute Monopolisten" entstanden, sagt sie. Sie wünscht sich mehr kleinere Schlachthöfe, näher am Bauern, "die nicht so gewinnmaximiert arbeiten", auch für den Tierschutz. Das Haltungssystem müsste sich ändern, sagt sie, "hin zu einer wieder regionalen Landwirtschaft mit kürzeren Transportwegen".

Friedrich Ostendorff, Biolandwirt aus Bergkamen und Bundestagsabgeordneter der Grünen, mästet selbst auch Schweine und lässt das Fleisch im Ort im genossenschaftlichen Biofleischbetrieb verarbeiten und vermarkten. Er sieht die durchindustrialisierte Fleischproduktion ebenfalls kritisch: "Das ist eine industrielle Massenproduktion, da werden Lebewesen wie Knöpfe produziert." Der Ausfall von Tönnies zeige auch "die Verletzlichkeit des Systems, das völlig durchgetaktet ist".

19: Theater: Geheimnisvolle Spiele im Nebel

Ein Zwischenbericht aus dem stillstehenden Theaterleben

Von Peter Kümmel

1. Juli 2020, 16:02 Uhr Editiert am 1. Juli 2020, 19:19 Uhr DIE ZEIT Nr. 28/2020, 2. Juli 2020
2 Kommentare

Theatergeschichte in aller Kürze: Das Ganze hat vor 2500 Jahren in Griechenland begonnen und seitdem nicht mehr aufgehört. Das Theater ist die robusteste aller Kunstformen. Doch was sich vor Kurzem auf einem nassen Markt in China ereignete, bewirkte Ungeheures: Zum ersten Mal kam das Bühnenleben weltweit zum Erliegen. Kein Wunder, dass nun die Theaterleute auf ihren leeren Bühnen stehen und wie Pioniere in die Zukunft blicken: Wie lassen sich die Häuser mit Volk füllen, ohne dass sie zu Hotspots, gleichsam zu Ischgl-Tourneebühnen, zu Tönnies-

Buden werden? Wie kann man dem Publikum das Gefühl vermitteln, es sei hier vor dem Virus sicher?

Am Berliner Ensemble experimentieren sie jetzt mit einer Art Schutz- und Heilnebel, den sie probeweise auf das Gestühl und die darin sitzenden Zuschauer niedergehen lassen. Dieser Nebel habe, so wird behauptet, die Gabe, im Sinken 99 Prozent aller im Raum schwebenden Viren und Übelpartikel mit sich zu Boden zu zwingen, wo sie keinen Schaden mehr anrichten. Mit dem Theaterbesuch wäre künftig also das diskrete Zischen des durch Düsen entfliehenden Dunstes verbunden – der alles, was da geschähe, angenehm benetzte und beruhigte. Eine Gefahr der Methode bestünde darin, dass das Beste an dieser neuen Theaterwelt der Schöpfungsnebel selbst sein könnte, aus dem sie hervortritt. Ein anderes Problem ergäbe sich daraus, dass die Sache nicht ganz billig ist. Während in den letzten Jahren eine prachtvolle Drehbühne das oberste Zeichen des deutschen Theaterreichtums war, könnte es jetzt der Luxusnebel sein, der allen Beobachtern zeigen würde, wie großartig dieses Land seine Künste schützt.

Der Berliner Nebeltest erinnert uns an eine Meldung, die wir kürzlich über Wladimir Putin lasen. Wer zum russischen Präsidenten in den Kreml vorgelassen werden will, der muss, so stand da, durch Desinfektionsschleusen hindurch, in denen er vermutlich ebensolche Erfahrungen macht wie demnächst das Publikum des Berliner Ensembles. Und auch in Putins Staat sorgt man sich um die Zukunft des Theaters, wenngleich es ein wenig andere Sorgen sind. Auch hier liegt die Zukunft im Nebel. Aber es ist ein giftiger Nebel. Es ist der Nebel der Herrschaft.

Soeben ist in Moskau der Theater- und Filmregisseur Kirill Serebrennikow zu drei Jahren Haft auf Bewährung verurteilt worden. Er sei, so die Begründung, Kopf einer kriminellen Vereinigung, die sich der Unterschlagung von 1,6 Millionen Euro schuldig gemacht habe. Bis zur Wiedererstattung jener Summe habe Serebrennikow unter Hausarrest zu bleiben. Dem Ganzen gingen ein dreijähriger Prozess und Serebrennikows Hausarrest voraus.

Hier wird ein Exempel statuiert, aber nicht, um einen Kritiker stracks zu vernichten, sondern, im Gegenteil, um sich den Mann frisch zu halten in einer Art Geiselhaft, ja eigentlich: um an ihm auf Jahre hin die mutmaßlich endlose Herrschaft Putins zu demonstrieren. Serebrennikow hat selbst einmal gesagt, die Reformkräfte Russlands unter dem damaligen Präsidenten Medwedew hielten sich ihn, Serebrennikow, wie ein Maskottchen, "a white bird". Nun wird er zum Symbol der Restriktionspolitik Putins.

Thomas Ostermeier, Intendant der Berliner Schaubühne, kennt die Sachlage gut – und er kennt Serebrennikow. Am Telefon sagt er: "Der Vorwurf der Veruntreuung ist absurd; von dem Geld, das Serebrennikow und seine Mitangeklagten angeblich unterschlagen haben, sind 340 Veranstaltungen gemacht worden." Die Bewährungsstrafe sei ein doppelt "schlaues" Zeichen: Einerseits habe man den Anschein vermieden, eine Terrorjustiz zu sein, Serebrennikow wurde ja nicht in Haft genommen. Andererseits, so Ostermeier, hätten alle Künstler das Signal verstanden: "Schnauze halten – sonst schauen wir uns eure Geschäftsbücher an!" Es sei ein gängiges Spiel in Russland: Man übe keine Zensur, sondern stelle, wenn man Künstler mundtot machen wolle, steuerrechtliche Verfehlungen fest, die könne man immer finden; so entstehe "ein Gogolsches System der Abhängigkeiten".

Warum Ostermeier, der in Russland als Regisseur arbeitete und dorthin gute Kontakte hat, so ungeschützt redet? "Ich werde eh nicht mehr nach Russland reisen, ich habe die Schnauze voll, ich fühl mich dort nicht mehr wohl. Ich will's nicht drauf ankommen lassen."

Das Theater steht still – noch. Aber der Bühnennebel wabert gewaltig. Weh dem, der es nicht mit schützendem, sondern giftigem Nebel zu tun hat.

20: Arizona meldet neuen Höchststand bei täglichen Neuinfektionen

Das neuartige Coronavirus breitet sich im Süden und Südwesten der USA weiter aus. Mehrere Bundesstaaten nehmen Lockerungen für die Gastronomie zurück.

1. Juli 2020, 22:41 Uhr Quelle: ZEIT ONLINE, AP, dpa, AFP, khe 154 Kommentare

Das neuartige Coronavirus erreicht immer mehr die Bundesstaaten im Süden und Südwesten der USA. Arizona meldete die meisten Todesfälle, Infektionen und stationären Aufnahmen in Krankenhäusern seit Beginn der Krise innerhalb eines Tages. Auch in Florida waren die Zahlen anhaltend hoch, Klinikbetreiber wie das Jackson Health System in Miami kündigten deshalb an, nicht notwendige Operationen zurückzufahren, um Platz für Infizierte in den Krankenhäusern zu schaffen.

In Arizona wurden allein an diesem Mittwoch fast 4.900 Infektionen mit dem Virus Sars-CoV-2 bekannt sowie 88 neue Todesfälle. In Florida waren es mehr als 6.500 Neuinfektionen. Das ist zwar weniger als die rund 9.000, die in der vergangenen Woche an mehreren Tagen registriert worden waren, die Zahl ist aber immer noch hoch. Vor dem Feiertagswochenende mit dem US-Unabhängigkeitstag am 4. Juli sperrten Bezirke in Florida ihre Strände, um einem Ansturm an Besuchern vorzubeugen.

Bundesstaaten stoppen Lockerungen

In Los Angeles und weiteren Städten Kaliforniens dürfen Restaurants keine Gäste mehr im Inneren bewirten. Die Maßnahme im Kampf gegen die Pandemie gelte für mindestens drei Wochen, sagte Kaliforniens Gouverneur Gavin Newsom. Betroffen sind auch Bars, Kinos und Museen. In dem Bundesstaat an der US-Westküste hatten Restaurants Ende Mai nach dem Corona-Lockdown wieder öffnen dürfen.

Wegen der steigenden Zahlen im Süden und Westen nahmen auch andere US-Bundesstaaten wie New York von ihren Plänen für eine Rückkehr zur Normalität Abstand. In Colorado, Virginia, Delaware und New Jersey wurden geplante Wiedereröffnungen von Bars und Restaurants ausgesetzt oder zurückgenommen. Der New Yorker Bürgermeister Bill de Blasio kündigte an, die Innenbereiche von Restaurants vorerst nicht wieder zu öffnen.

Zahl der landesweiten Neuinfektionen wieder über 40.000

Trotz eines dramatischen Anstiegs der täglichen Neuinfektionen in den USA glaubt Präsident Donald Trump weiter an ein Verschwinden des Virus. Die Wirtschaft werde sich bald wieder erholen und "das Virus wird irgendwann gewissermaßen einfach verschwinden", sagte Trump im Gespräch mit dem Fernsehsender Fox Business. Die Demokraten werfen Trump wegen solcher Äußerungen vor, im Kampf gegen das Coronavirus kapituliert zu haben – und das, obwohl die Pandemie in den USA zunehmend eskaliert.

Daten der Universität Johns Hopkins zufolge meldeten die US-Behörden zuletzt jeden Tag rund 40.000 Neuinfektionen, vor allem aus den südlichen Bundesstaaten Florida, Texas, Arizona, Georgia und Kalifornien. Die aktuellen Zahlen der Neuinfektionen sind damit höher als jene im April und im Mai, dem bisherigen Höhepunkt der Pandemie. Den Daten vom Mittwoch zufolge wurden etwa am Dienstag fast 45.000 Neuinfektionen gemeldet.

Referenzkorpus

21: Schnell raus hier: Aber wann?

Die von der Bundesregierung eingesetzte Expertenkommission soll einen Kompromiss zum Kohleausstieg finden.

Von Petra Pinzler

23. Januar 2019, 16:51 Uhr Editiert am 24. Januar 2019, 18:40 Uhr DIE ZEIT Nr. 5/2019, 24. Januar 2019 21 Kommentare

Über den Kohleausstieg – das Ob, Wann und Wie – wird in Deutschland viel gestritten, zuletzt sogar erbittert, als der Energiekonzern RWE im vergangenen Herbst ein Waldstück im Rheinland, auch "Hambi" genannt, roden wollte und Zehntausende dagegen demonstrierten. Nun aber könnte schon in den kommenden Tagen eine Lösung gefunden sein. Und zwar im Berliner Wirtschaftsministerium. Dort trifft sich, weitgehend unbemerkt von einer breiteren Öffentlichkeit, seit Monaten die sogenannte Kohlekommission. Industrievertreter, Umweltschützer, Klimaexperten und Gewerkschafter beraten im Auftrag der Bundesregierung über Ausstiegsszenarios. Ihr Plan soll den betroffenen Regionen den Wandel weg von der Kohle und die Ansiedlung anderer Unternehmen erleichtern. Er soll dafür sorgen, dass der Strom bezahlbar bleibt und die Versorgung sicher. Und er soll empfehlen, wann endgültig Schluss sein muss mit der Kohle, damit Deutschland sein selbst gesetztes Klimaziel erreicht, bis 2020 die CO_2-Emissionen um 40 Prozent, bis 2030 sogar um 55 Prozent im Vergleich zu 1990 zu senken.

Wenn sich die Kommission an diesem und am kommenden Freitag zur Abschlussberatung trifft, dann geht es nicht zuletzt auch um das Konsensmodell Deutschland. Einigen sich die höchst unterschiedlichen Mitglieder, beweisen sie, dass es hilft, wenn alle mit allen reden. Dass sich Deutschland auch bei existenziellen Fragen friedlich und mit der Zustimmung aller Betroffenen verändern kann. Und dass die große Koalition, entgegen allen Prognosen, in der Klimapolitik eben doch noch einen großen Schritt nach vorn machen kann.

Sicher ist es jedoch längst noch nicht, dass das auch klappt. Es ist im Gegenteil erstaunlich, dass die Kohlekommission überhaupt so weit gekommen ist wie bisher. Denn ursprünglich war sie eine Verlegenheitslösung gewesen, war gegründet worden, weil CDU, CSU und SPD sich in ihren Koalitionsverhandlungen nicht auf eine gemeinsame Klimapolitik einigen konnten. Also vertagte die Groko das Thema und rief ebenjene 28 unterschiedlichen Experten zusammen. Damit konnte sie erstens Zeit gewinnen, zweitens die klimapolitische Leere des Koalitionsvertrags kaschieren und drittens ihre fehlenden Entscheidungen immer mit dem Streit der Experten entschuldigen.

Tatsächlich wurde viel gestritten in der Kommission. Über die Frage, wie der Strukturwandel am besten organisiert werden sollte und ob die Energiekonzerne entschädigt werden müssen. Oder wie die Kumpel in den Vorruhestand geschickt werden können. Es gibt für all die Fragen Antworten, es gibt erstaunlich viel gegenseitiges Verständnis und viele Ideen, wie den Betroffenen des Kohleausstiegs geholfen werden könnte, wenn ihre Arbeitsplätze verschwunden sind. Alle sind sich einig, dass es einen besseren Bahnanschluss für Chemnitz geben muss und Bundesbehörden in strukturschwache Gebiete umgelagert werden müssen. Die Kumpel sollen Geld bekommen. Und die Konzerne auch. Nur eine letzte, aber entscheidende Frage ist noch offen: Wann werden die Kraftwerke denn nun geschlossen?

Die Vertreter der Industrie wollen sich auf keinen unveränderlichen Fahrplan einlassen, aus Sorge vor steigenden Strompreisen. Sie lehnen ab, verbindlich oder gar gesetzlich festzuschreiben, ab wann wie viel Gigawatt Kohlestrom weniger produziert werden darf. Unterstützt werden sie von den Ministerpräsidenten aus Sachsen und Brandenburg, die in der Kommission kein Stimmrecht haben, aber im Hintergrund wirken. Sie würden gern das Geld für den Strukturwandel erhalten, ihre Kraftwerke aber möglichst lange weiterlaufen lassen. Also am liebsten die Entschädigung bekommen, bevor sie den Schaden haben.

Das aber können wiederum die Umweltverbände nicht akzeptieren. Sie fordern eine Festlegung auf ein Ausstiegsdatum, in den frühen Dreißigerjahren, und eine Vorgabe, dass schon bald viel weniger Kohlestrom produziert werden wird. Sie wollen wissen, welche Kraftwerke abgeschaltet werden, wann beispielsweise Jänschwalde im Osten stillgelegt wird, und welche Kraftwerke gar nicht erst ans Netz gehen, wie das in Datteln in Nordrhein-Westfalen.

Wetten über den Ausgang wollte Anfang der Woche keiner der Beteiligten abschließen. Die Umweltverbände drohen damit, ihre Sperrminorität in der Kommission zu nutzen. Zu groß ist ihre Sorge, dass sich wiederholt, was gerade passiert ist: dass Deutschland in zehn Jahren wieder zugeben muss, seine Klimaziele verpasst zu haben.

Sollte die Kommission sich jedoch einigen, gäbe es einen Plan, der die Unterschrift von Greenpeace, den Gewerkschaften, der Energiebranche und der Industrie trägt – und den auch künftige Regierungen nicht werden ignorieren können.

22: Spitzensteuersatz: Hoch die Steuern

Lange Zeit gingen die Abgaben zurück. Nun fordern linke Politiker weltweit höhere Steuern für Spitzenverdiener und Vermögende.

Von Mark Schieritz

27. Februar 2019, 16:46 Uhr Editiert am 4. März 2019, 14:35 Uhr DIE ZEIT Nr. 10/2019, 28. Februar 2019 919 Kommentare

Diese Revolution wird im Fernsehen übertragen. Auf "bis zu 70 Prozent" solle der Steuersatz für die reichsten Amerikaner steigen, forderte die demokratische Kongressabgeordnete Alexandria Ocasio-Cortez Anfang Januar in einer bekannten amerikanischen Nachrichtensendung – und wurde das Gesicht einer globalen Bewegung, die mit höheren Steuern für mehr Gerechtigkeit in der Welt sorgen will.

In Großbritannien fordert die Labour-Partei des Jeremy Corbyn, den Spitzensteuersatz von derzeit 45 auf 50 Prozent zu erhöhen.

In Frankreich hat der Linkspolitiker Jean-Luc Mélenchon sogar einen Satz von 90 Prozent für Einkommen über 400.000 Euro vorgeschlagen.

In Deutschland verlangt Finanzminister Olaf Scholz (SPD) eine Anhebung des Spitzensteuersatzes von 42 Prozent – ohne Reichensteuer und Solidaritätszuschlag – auf 45 Prozent. Und in seiner Partei denkt man über eine Wiederbelebung der vor über zwanzig Jahren ausgesetzten Vermögensteuer nach.

So rücken mit einem Mal Ideen ins Zentrum der politischen Debatte, die noch vor wenigen Jahren als chancenlos galten. Was ist da los?

Der wichtigste Grund: Die Schere zwischen Arm und Reich hat sich vor allem in den angelsächsischen Ländern erheblich gespreizt. Das reichste Prozent der US-Haushalte kontrolliert heute amtlichen Daten zufolge 38,6 Prozent des gesamten Volksvermögens, fast zehn Prozentpunkte mehr als noch vor 25 Jahren. Die unteren 90 Prozent der Bevölkerung besitzen heute bloß noch 22,8 Prozent des Vermögens, vor 25 Jahren waren es noch 33,2 Prozent.

Gleichzeitig verteilen die nationalen Steuersysteme heute "weniger stark" von den Reichen zu den Armen um als früher – so steht es in einer Vergleichsstudie des Internationalen Währungsfonds (IWF). In Deutschland beispielsweise lag der Spitzensteuersatz zu Beginn der Achtzigerjahre noch bei stolzen 56 Prozent. Er wurde damals ab einem Jahreseinkommen von umgerechnet 66.485 Euro fällig – wäre diese Regelung noch in Kraft, so müsste dieser

Prozentsatz (unter Einberechnung der Inflation) heute ab einem Verdienst von etwa 115.000 Euro bezahlt werden.

Zugleich wurden seither indirekte Steuern wie die Mehrwertsteuer kräftig erhöht. Sie trifft ärmere Haushalte besonders stark, weil diese einen großen Teil ihres Einkommens für den Konsum ausgeben. Eine Untersuchung des Deutschen Instituts für Wirtschaftsforschung hat ergeben: Alle Steuerarten zusammengenommen, müssen Geringverdiener sogar einen höheren Anteil ihres Haushaltseinkommens an den Staat abgeben als Gutverdiener.

In den USA lag der Spitzensteuersatz in den Fünfzigerjahren bei über 90 Prozent, wenn auch die Einkommensgrenzen so gezogen waren, dass vergleichsweise wenige Arbeitnehmer tatsächlich so viel bezahlen mussten. Erst in den Achtzigerjahren fiel er unter die Marke von 70 Prozent, heute liegt er bei 37 Prozent. Die ökonomische Begründung für die Entlastungen an der Spitze: Wenn den Unternehmern und Managern mehr Netto bleibt vom Brutto, dann arbeiten und riskieren sie mehr, das schafft Arbeitsplätze, und davon profitiert die Allgemeinheit.

Was würde passieren, würden die Steuern nun wieder angehoben?

Was also würde passieren, würden die Steuern nun wieder angehoben? Dazu gibt es viele Spekulationen, aber wenige gesicherte Erkenntnisse. Das liegt daran, dass menschliches Verhalten sich eben nicht nur an monetären Anreizen orientiert. Und: Wenn das zusätzliche Geld am Ende in den Ausbau von Schulen und Straßen fließt oder damit die Steuersätze der Normalverdiener gesenkt werden, dann profitieren davon auch die Unternehmen.

Es kommt also darauf an, was der Staat mit den Einnahmen anstellt. Es gibt Länder wie Schweden, das trotz eines sehr hohen Spitzensteuersatzes von 60 Prozent über eine wettbewerbsfähige Wirtschaft verfügt. Frankreich dagegen hat eine im Jahr 2013 eingeführte Reichensteuer in Höhe von 75 Prozent auf Einkommen von über einer Million Euro wieder abgeschafft, weil sie als Standortnachteil angesehen wurde.

Noch komplizierter ist die Lage bei der Besteuerung von Vermögen, denn es ist sehr aufwendig und kompliziert, Vermögensgegenstände wie Aktien oder Gemälde zu bewerten. Das aber ist nötig, um festzustellen, wie viel Steuern bezahlt werden müssen. Die amerikanischen Steuerrebellen wollen das Problem unter anderem dadurch beheben, dass sie sich auf wenige Superreiche konzentrieren: Der demokratischen Senatorin Elizabeth Warren schwebt eine Abgabe von zwei Prozent auf Vermögen über 50 Millionen Dollar vor. Sie solle an die 270 Milliarden Dollar im Jahr an zusätzlichen Einnahmen bringen.

Stefan Bach vom Deutschen Institut für Wirtschaftsforschung hat ausgerechnet, was eine Warren-Steuer für Deutschland bedeuteten würde. Ergebnis: Ungefähr 8100 Haushalte wären von der Maßnahme betroffen, das zusätzliche Steueraufkommen beliefe sich auf jährlich 17,7 Milliarden Euro. Mit dem Geld ließe sich die Abschaffung des Solidaritätszuschlags weitgehend finanzieren. Bachs Modellrechnung macht aber auch deutlich, welche Probleme die Einführung einer Vermögensteuer mit sich bringt. Denn gerade in Deutschland haben die Superreichen ihr Geld nicht einfach auf der Bank, es steckt vielmehr in Unternehmen und Betriebsanlagen. Auch diese Unternehmen würden also höher besteuert, was im internationalen Wettbewerb mit Nachteilen verbunden wäre. Würde Betriebsvermögen aber verschont, brächte die Steuer kaum Geld. Bachs Fazit: Die Besteuerung von Vermögen sollte zumindest europaweit abgestimmt werden.

Was folgt daraus? Mit Steuererhöhungen ist es wie mit einem Medikament: Es kommt auf die Dosis an. Der IWF kommt zum Ergebnis, dass die Steuern für Topverdiener in den meisten Ländern durchaus etwas erhöht werden können, ohne das Wirtschaftswachstum zu gefährden. Auch in Deutschland.

23: Psychiatriestudie unter Verdacht

Wurde eine wichtige Erhebung zur Personalsituation manipuliert?

Von Stefanie Kara

3. April 2019 DIE ZEIT Nr. 15/2019, 4. April 2019 42 Kommentare

Hat einer der renommiertesten Psychiatrieforscher Deutschlands eine der wichtigsten Psychiatriestudien der vergangenen Jahrzehnte manipuliert oder manipulieren lassen? Diesem Verdacht geht eine Untersuchungskommission der TU Dresden seit Mitte Februar nach. Am vergangenen Montag haben die Mitglieder der Kommission entschieden, ein förmliches Untersuchungsverfahren einzuleiten, da es bisher nicht möglich gewesen sei, "die Vorwürfe auszuräumen".

Es geht um eine Studie mit dem nüchternen Titel Personalausstattung in Psychiatrie und Psychosomatik, die eine Tochtergesellschaft der TU Dresden unter der Leitung von Hans-Ulrich Wittchen durchgeführt hat. Wittchen leitete viele Jahre das Institut für Klinische Psychologie und Psychotherapie an der TU Dresden. Seine Studie sollte klären, wie die aktuelle Personalsituation in der deutschen Psychiatrie aussieht. Dazu wurde auch im Detail erhoben, was Ärzte, Psychotherapeuten und Pfleger im Alltag tun und wie lange sie jeweils dafür brauchen (ZEIT Nr. 12/19).

Die Vorwürfe, die nun geprüft werden, hatten Mitarbeiter der TU Dresden erhoben. Nach Berichten von Buzzfeed News und Spektrum der Wissenschaft soll es um den Verdacht gehen, dass bei Datenlücken die Angaben von bereits erfassten Kliniken einfach vervielfältigt wurden und so der Eindruck erweckt wurde, es seien mehr Kliniken berücksichtigt worden, als es tatsächlich der Fall war.

In Auftrag gegeben hatte die Studie der Gemeinsame Bundesausschuss (G-BA). Dieses zentrale Gremium des deutschen Gesundheitswesens will auf ihrer Grundlage eine neue Richtlinie dafür erarbeiten, wie viele Ärzte, Therapeuten und Pfleger in der Psychiatrie arbeiten sollen. Die derzeitige Personalverordnung ist hoffnungslos veraltet, sie stammt aus dem Jahr 1991. Und für viele neue Therapieformen, welche die Behandlung wirksamer und den Umgang mit den Kranken humaner machen sollen, ist vor allem eines nötig: mehr Personal. Es geht also um eine der wichtigsten Entscheidungen in der Psychiatrie seit Jahrzehnten.

Der G-BA hat die Studie bisher nicht abgenommen, wegen "offener Fachfragen und der in Rede stehenden Manipulationsvorwürfe". Auf Nachfrage der ZEIT teilte der Ausschuss mit, nun sei "der Abschluss des Untersuchungsverfahrens zwingend abzuwarten". Das kann dauern: Innerhalb eines halben Jahres soll das Verfahren beendet sein, es kann sich aber durchaus noch länger hinziehen.

Das gefährdet die neue Personalrichtlinie. Denn die soll der G-BA bereits Ende September vorlegen, so will es der Bundestag. Hält der G-BA die Frist nicht ein, könnte sich die Lage in der Psychiatrie verschlechtern statt verbessern: Psychiater befürchten, dass dann auch die Therapie psychisch kranker Menschen nach Fallpauschalen abgerechnet wird, ähnlich wie etwa Blinddarmoperationen. Und dieses Pauschalsystem enthält keine Untergrenzen für das Personal.

Einige Statistiker halten das Verfahren für "legitim", es verfälsche das Ergebnis nicht

Ob etwaige Manipulationen das Ergebnis der Studie verfälscht haben, ist noch unklar. Hans-Ulrich Wittchen hat dem G-BA inzwischen zur Ausräumung der Vorwürfe ein Papier übergeben, das der ZEIT vorliegt. Darin äußern sich auch Statistiker, die nicht an der Studie beteiligt waren: Der Umgang mit fehlenden Daten entspreche der "gängigen Praxis" in der Statistik und verfälsche die Ergebnisse nicht. Das angewandte statistische Verfahren sei "legitim" und "keine Manipulation".

Jetzt müssen die TU Dresden und der G-BA die Vorwürfe dringend klären. Zum einen geht es um den Verdacht wissenschaftlichen Fehlverhaltens, was schwer genug wiegt. Es geht aber auch um eine weitreichende Entscheidung für sehr viele Patienten: Mehr als 1,2 Millionen Mal werden Menschen jährlich in deutschen Kliniken behandelt, weil sie psychisch erkrankt sind. Diese Patienten brauchen eine angemessene Zahl von Ärzten, Therapeuten und Pflegern.

Würde die Entscheidung darüber verschoben, könnte das zu Unterversorgung führen. Genauso fatal wäre es jedoch, würde pünktlich, aber am grünen Tisch entschieden – ohne die Daten aus dem Klinikalltag. Die sollten ja endlich zeigen, wie die Lage in der Psychiatrie tatsächlich ist.

24: Es ist wieder da

Wir sind in der Pflicht, Widerstand zu leisten: In Österreich lässt eine bürgerliche Partei die Nationalisten am rechten Rand rumtoben.

Von Marlene Streeruwitz

8. Mai 2019, 16:46 Uhr Editiert am 9. Mai 2019, 16:11 Uhr DIE ZEIT Nr. 20/2019, 9. Mai 2019 62 Kommentare

Der Text basiert auf einer Rede, welche die österreichische Schriftstellerin und Regisseurin Marlene Streeruwitz bei der Gedenkfeier zur Befreiung des Konzentrationslagers Ebensee gehalten hat.

In Österreich: Am 21. Juli des vorigen Jahres teilte der FPÖ-Verkehrsminister über die Kronen Zeitung mit, dass ab 2019 Führerscheinprüfungen nicht mehr in türkischer Sprache abgelegt werden dürfen. In der Kronen Zeitung. Hinter dem Bild des FPÖ-Verkehrsministers ist eine Frau im Hidschab am Steuer eines Autos zu sehen. Der Verkehrsminister schaut streng. Die Frau lächelt. "Das bisherige Angebot, die Führerscheinprüfung in Türkisch abzulegen, diskriminiert auch andere ethnische Minderheiten, die den Test in Chinesisch, Arabisch oder Albanisch übersetzt haben wollten", sagt der FPÖ-Minister.

Es gibt keine demokratische Lesart für den Satz des FPÖ-Verkehrsministers. Der FPÖ-Verkehrsminister konstruiert erst eine Privilegierung der türkischen Führerscheinprüfung, doch es gab nie ein Privileg dieser Art. Es war ein selbstverständlicher Verwaltungsvorgang. Es war nur vernünftig, die Fahrprüfung in der je bestverstandenen Sprache abzunehmen. Das Verbot der Führerscheinprüfung auf Türkisch ist ein Willkürakt des FPÖ-Verkehrsministers. Die lächelnde Muslimin im Bild ist der entscheidende Hinweis. Es geht um Antiislam.

Fremdenfeindlichkeit. Antisemitismus. Die FPÖ plakatierte schon vor Jahren den Slogan "Daham statt Islam!". Türkisch muss dem Deutschen Platz machen.

Deutsch. Deutsch sprechen. Das findet sich im Linzer Programm der Schönerer-Partei 1882 zunächst als Abgrenzungsmerkmal gegen die slawischen Sprachen. Damals in Zisleithanien. In Paragraf II des Programms wird verlangt, "daß der gesamte innere Amtsverkehr sowie die öffentlichen Bücher und Protokolle ausschließlich in deutscher Sprache geführt werden". Deutsch sprechen. Das sollte den "deutschen Charakter" beweisen. 1885 fügte Georg von Schönerer an das Linzer Programm jenen Punkt an, in dem er die Beseitigung allen jüdischen Einflusses im öffentlichen Leben verlangte. Der deutsche Charakter Zisleithaniens war antisemitisch gedacht worden.

Dieser deutsche Charakter wurde in der K.-u.-k.-Monarchie von allen bürgerlichen Parteien mitsamt dem Rassenantisemitismus übernommen. Antisemitismus war das wichtigste Mittel der Wahlkampfführung. 1888 schlossen sich Deutschnationale und Christlichsoziale zu den "Vereinigten Christen" zusammen. 1893 gründete Karl Lueger die Christlichsoziale Partei, die mit antisemitischen Argumenten Politik machte. Antisemitismus führte zum Erfolg der Christlichsozialen in den ersten allgemeinen Wahlen für Männer 1907 in Zisleithanien. In Wien hatte Lueger sich damit längst durchgesetzt. Deutsch. Deutsch sprechen. Darin war die germanische Abstammung enthalten, die sich so dringlich über alle anderen Nationalitäten der Monarchie erheben wollte. In dieser deutschnationalen Logik fügt es sich heute, dass gerade ein Gesetz beschlossen wird, in dem die FPÖ-Sozialministerin 300 Euro von der Sozialhilfe abziehen kann, wenn nicht gut genug Deutsch gesprochen wird. Der FPÖ-Verkehrsminister kehrt mit der Verwaltungsmaßnahme,

Türkisch zu verbieten, zum Linzer Programm zurück.

Wenn in identitären Blogs Elfriede Jelinek "Jüdin" genannt wird, dann werden wir endgültig an die Nürnberger Gesetze vom 15. September 1935 und das Ehegesundheitsgesetz vom 18. Oktober 1935 in der Fassung für Österreich im "Ersten Erlaß des Führers und Reichskanzlers über die Einführung deutscher Reichsgesetze in Österreich vom 15. März 1938" erinnert. Immer noch und weiterhin wird mit der Bezeichnung "Jüdin" der Ausschluss aus dem Staat verstanden. Der Verlust aller Rechte und allen staatlichen Schutzes wird mit dieser Bezeichnung wiederholt. Am Akademischen Gymnasium in Wien steht auf einer Gedenktafel zu lesen: "Wir erinnern uns an jene Schüler und Lehrer, die 1938 die Schule verlassen mußten, weil sie Juden waren."

Über den Holocaust wird in Österreich geredet, als handelte es sich um eine Naturkatastrophe. Doch Demokratie kann es nicht geben, wenn der Blick auf die Geschichte idealistisch vernebelt wird. Und darum geht es. Es geht um die Erinnerung. Geschichtliche Erinnerung. Persönliche Erinnerung. Das ist der Schauplatz jeder Gegenwart. Und der eigentliche Ort des Lebens. Das wird der eigentliche Ort des Lebens gewesen sein. Jeden Augenblick lang. Wie das eigene Leben im Allgemeinen verwoben gewesen war. Kollektiv. Und einzeln. Darüber tobt der Kampf. Das ist der Gegenstand der Politik.

Erinnerung existiert nur in der Wahrnehmung der einzelnen Person, kein Lehrsatz idealistisch gedachter Identitäten kann das ändern. Wenn in Rom Rechtsradikale das Essen für Roma niedertrampeln und dazu schreien "Du sollst an Hunger sterben!", dann ist das Verhungern von Einzelnen gemeint. Diese Personen sollen einzeln leiden und sterben, während die Täter sich in identitärer Zugehörigkeit in Sicherheit gehalten sehen – und in der konstruierten Kollektivität der Erinnerung völkischer Überlegenheiten.

Im System der Hausväter

Der faschistische Mann ist das Ergebnis jahrhundertelanger reaktionärer Politik (im Faschismus ist die Frau immer in der männlichen Bezeichnung mitgedacht). Von 1811 bis 1975 war dem Untertan im Code Napoléon die Familie zur Beherrschung überlassen gewesen. Von der Frühaufklärung an war der Untertan angehalten, eine öffentliche Version von sich für den Dienst im Staat als Beamter oder Militär bereitzustellen. Als Hausvater konnte er über Frau und Kinder und Angestellte verfügen. Das Eherecht war der katholischen Kirche überlassen gewesen. Der Hausvater konnte sich nicht scheiden lassen. Die Politik in Monarchie und Erster Republik Österreich war von den Auseinandersetzungen um das Familienrecht und die Scheidung beherrscht und zerrüttet. Im faschistischen Mann wird dann die Grenze zwischen liberaler öffentlicher Person und privaten hausväterlichen Meinungen aufgehoben. Die antisemitischen Ausfälle beim Sonntagsmittagessen wurden Blaupausen der Wahlkampfauftritte.

In der österreichischen Verfassung im Artikel 7 heißt es: "Alle Staatsbürger sind vor dem Gesetz gleich. Vorrechte der Geburt, des Geschlechtes, des Standes, der Klasse und des Bekenntnisses sind ausgeschlossen." Deshalb lauern die Hausväter und beobachten, ob einer mehr bekommen hat. Ob ein Vorrecht vorliegt. Und wie im Fall des Türkischverbots werden Vorrechte überall vermutet. Vorrechte, die für Ausschluss und Verbot benutzt werden können – wie schon Ende des 19. Jahrhunderts. Zwar verlaufen die Schichtungen ein wenig anders, weniger offen. Aber die bürgerlichere Partei lässt die nationalistischere Partei am rechten Rand herumtoben. Ganz in der Art des Hausvaters, der sich am Sonntagsmittagstisch über alles aufregen muss, weil er so machtlos gemacht ist. Ganz in dieser Art wird von der FPÖ die sadistische Politik gemacht, und die ÖVP sitzt daneben und genießt die Gewalt gegenüber den Ausgesonderten. Den Kronen-Zeitungs-Lesern wird das jeden Tag geliefert. In der identitären Blogosphäre gilt die Spaßfrage "Ist das lustig, oder tut das weh?", und die Nürnberger Gesetze vom 15. September 1935 finden wieder Anwendung.

Es geht immer um die gelebte Erfahrung einzelner Personen. Der Versuchung, ein nationales Schicksal zu behaupten, muss widerstanden werden. Wir müssen endlich lernen, im Reden über die Opfer wenigstens alle staatsbürgerlichen Rechte und Bezeichnungen vollkommen zu restituieren und die üblich gemachten nationalsozialistischen Redeweisen aufzudecken und zu beenden. Das Ziel wäre gewesen, dem Wiederholen zu entkommen und Sprache und Kultur radikal infrage zu stellen. Das Ziel wäre gewesen, das Trauma nicht als schwelende Erinnerung, sondern als gefasstes Wissen bearbeiten zu können. Das hat nicht stattgefunden. Wir sprechen weiterhin in der Grammatik, die die Schoah gesprochen hat. Die wenigen lexikalischen Tabus werden gerade außer Kraft gesetzt. "Ist das lustig, oder tut das weh?"

Wenn eine Katastrophe wie die Schoah hergestellt werden konnte, dann ist es eine notwendige Pflicht, jeden Augenblick Widerstand zu leisten – gegen die kleinste Wiederholung jener Umstände, die zu den Verbrechen geführt haben.

25: Und täglich grüßt der Weltuntergang

Von der Sintflut bis zur Klimakatastrophe: Wie schlecht ginge es uns bloß ohne Endzeitstimmung?

Von Petra Bahr

14. Juni 2019, 8:00 Uhr Erschienen in Christ & Welt 1 Kommentar

"Es ist fünf vor zwölf. Die Welt geht unter." Das Christentum als Lebensform mag verdampfen, Wissens-Abfragen über kirchliche Feiertage, wie sie lokale Fernsehsender in deutschen Fußgängerzonen vornehmen, schaffen es nur noch in Comedy-Formate.

Doch die Bilder der biblischen Apokalypse haben wieder Konjunktur. "Es ist fünf vor zwölf." Diese Zeitansage mit Timerfunktion legt sich über alle Themen, die die Welt bewegen. Die Demokratie als Herrschaftsform, das politische Europa, ja, die bewohnbare Welt läuft taumelnd auf ihren Untergang zu. Die Rhetorik der Apokalypse ist aus den Winkeln kleiner religiöser

Zirkel wieder in den öffentlichen Raum geschwappt. Die Zeit als kurze Frist ist das zentrale Motiv apokalyptischen Denkens.

Grelle Katastrophen malen den abstrakten Gedanken aus. Schreckensszenarien, für die mittelalterliche Maler die Hölle jahrelang in ihren Werkstätten pinselten, sind in Sekunden über die sozialen Medien verbreitet, untermalt von Wagnerklängen. Bilder von Naturkatastrophen werden mit schnellen Schnitten in eine Folge albtraumartiger Szenen gebracht.

Ihre Macher sind bei den Autoren des Danielbuches in der hebräischen Bibel oder in der neutestamentlichen Johannesoffenbarung in die Schule gegangen. Die Welt geht als großes Kino unter. Gebannt von den grausamen Bildern, erstarren ihre Betrachter in Angstlust. Die meisten, die in diesen Bildwelten leben oder sie politisch nutzen, wissen vermutlich nicht einmal, woher ihr Vorstellungsmaterial kommt. Doch wenn sich die latente Bibelfestigkeit der ansonsten wenig bibelfesten Gesellschaft zeigt, dann in der regelmäßigen Wiederkehr apokalyptischen Denkens. Apokalyptische Mentalität war immer schon Ausdruck von Krisen und Umbrüchen. Das zeigt ein Blick in die bewegte Gebrauchsgeschichte. Es war das Erzählmittel der Stunde, in dem Unterdrückung und Elend, aber auch Angst und Ratlosigkeit, Verbitterung oder Zorn sich Ausdruck verschafft haben, als religiöse Sprachform, als künstlerische Bewältigung des Nichtzubewältigenden und immer wieder auch als politische Rhetorik.

Deshalb ist die Wiederkehr der apokalyptischen Mentalität Signatur einer kollektiven Verfassung, die der religionskritischen Aufmerksamkeit bedarf. Denn apokalyptisches Denken ist immer auch der Anfang politischer Theologien gewesen, also einer Form des politischen Denkens, durch die sich das Politische religiös aufzuladen droht. "Durch die Enge der Zeit kommt der Teufel", sagt der Philosoph Hans Blumenberg, und Pinchas Lapide bescheinigt apokalyptischen Mentalitäten eine Neigung zur "Messianitis".

Ist nur noch wenig Zeit für die Rettung der Welt, steigt die Sehnsucht nach messianischen Persönlichkeiten, es wächst die Unzufriedenheit mit langwierigen Prozeduren wie der mühsamen Suche nach politischen Kompromissen. Die vage Rede davon, dass "alles anders werden müsse", versteigt sich bisweilen in Umsturzfantasien, deren gewalttätige Folgen stummgeschaltet werden.

Heldinnen und Führungsfiguren, die mit Charisma gegen das kollektive Achselzucken vorgehen, mit Häme oder Verachtung zu begegnen, ist allerdings ein billiger Triumph und offenbart nur die Behäbigkeit gegen die Bewegungen, die sich mit einem Weiter-so nicht zufriedengeben. Die Zweideutigkeit, die in dieser Orientierung an Menschen liegt, in die Übermenschliches projiziert wird, liegt aber auf der Hand. Fehleinschätzungen oder Grenzen werden diesen medial vergrößerten Figuren paradoxerweise nur selten verziehen. Sie sind in ihrem Menschsein gefährdeter als die, die in ihnen gottähnliche Eigenschaften sehen. In einer Welt ohne Gott zeigt sich die Gnadenlosigkeit des Umgangs mit den gefallenen Idolen unter Umständen umso härter. Das zeigt ein Blick in die jüngere Geschichte.

Eine "neue Ordnung" versprechen auch die alten biblischen Vorbilder, allerdings ist diese Ordnung nicht von dieser Welt. Diese Ordnung diskreditiert weder zwangsläufig das politische System noch ihre Vertreter und Vertreterinnen, wie es der Sound der Rede von "alten Ordnungen" manchmal nahelegt. Sie markiert das Gottesreich und damit eine kritische Perspektive und klare Kriterien auf alles, was dieser Welt fehlt.

Apokalypsen ohne Gott verwandeln sich dagegen in Windeseile in eine Form politischer Theologie, in der man im Zweifel sogar für die "Wende zum Guten" auch Schrecken aller Art in Kauf zu nehmen bereit ist. Dabei hätte die biblische Rede von der Apokalypse durchaus das Potenzial, die fatalistischen Übersteigerungen des Untergangsdenkens in eine andere Form der Zuversicht zu verwandeln. Aus der Paralyse, dem kleinkarierten Abwehren all der ernsten Gefahren, in die die Menschheit sich verrannt hat, oder dem strategischen Kaputtreden von Auswegen könnte eine Bewegung Richtung Zukunft werden, die den Möglichkeitssinn neu auslotet.

Einmal in den Strudel der Übersteigerung und Beschleunigung geraten, wird es allerdings schwer, die Zeit Richtung Zukunft zu dehnen. Die sprachliche Überhitzung der gegenwärtigen Debatten und die Radikalisierung von politischen Gegnerschaften und Konzepten in das Schema der Feindschaft sind Kennzeichen einer Verdichtung, die kluges Handeln oft nicht mehr möglich macht. Was bleibt, ist ein explosives Knäuel von Emotionen und Expressionen. Dieser Drift gefährdet auch die, die eigentlich Auswege suchen, wenn sie sich am apokalyptischen Sprechen beteiligen.

Dabei sind die biblischen Apokalypsen im Ursprung gar keine Weltuntergangsbeschwörungen. Im Gegenteil. Da die Empfehlung, Apokalypseabstinenz zu üben, sowieso zu spät kommt, bleibt eine Erinnerung an den ursprünglichen Sinn apokalyptischen Sprechens. Dieses Sprechen ist immer religiös. Es enthüllt den göttlichen Blick auf die Gegenwart, die sowohl im Danielbuch als auch in der Johannesoffenbarung durch Unterdrückung, Leiden und innere Zerrissenheit geprägt ist. Beide Bücher legen es auf religiöse Vergewisserung in feindlicher Umwelt an. Nicht die Zukunft, sondern die Gegenwart wird als unerträglich empfunden. Apokalypsen sind Trostschriften, die der Frage nach der Gottesverlassenheit eine ins Kosmische gesteigerte Hoffnung vermitteln. Dass es so weitergeht, ist die Katastrophe. Die Botschaft, die den Blick auf die Gegenwart verändert, ist von der biblischen Hoffnung getragen, die allen Büchern der Bibel ihre Pointe verleiht: Es muss nicht immer so weitergehen. Endzeitliche Plagen und Provokationen sind nicht das Ende, sie werden literarisch zu einem Durchgangsstadium. So formt sich die Hoffnung. Es kann noch ganz anders kommen.

In der Geschichte des christlichen Abendlandes sind diese apokalyptisch-eschatologischen Trostbilder oft zynisch gedeutet worden. Entweder zogen christliche Gemeinschaften sich in die Hinterräume ihrer Zeit zurück, um abzuwarten und möglichst unauffällig auf bessere Tage zu warten. Oder sie nutzten diese religiösen Schriften als geschichtsphilosophische Deutungshilfen, die dann zur Legitimation von Verfolgung und Unterdrückung anderer dienten.

"Nicht die Zukunft, sondern die Gegenwart wird als unerträglich empfunden. Apokalypsen sind Trostschriften, die der Frage nach der Gottesverlassenheit eine ins Kosmische gesteigerte Hoffnung vermitteln."

Doch das existenzielle Dilemma, als Erlöste in einer ungerechten, unvollkommenen und fragilen Welt zu leben, könnte auch einen anderen Ausdruck finden. Das wäre dann wahrhaft "apokalyptisch", nämlich entlarvend und enthüllend, aber von der Zuversicht getragen, dass der schonungslosen Bestandsaufnahme mehr folgt als Resignation oder Wut. Weder hysterisch noch zynisch, noch fatalistisch zu werden angesichts der Tatsache, dass es in dieser Welt nicht zum Besten steht, das ist eine schwierige Kunst. Nicht Weltflucht, aber auch nicht Angstlust vor dem baldigen Ende, sondern eine tiefe Gelassenheit, die entschlossen macht, die sich die ganze komplizierte Wirklichkeit zumutet und trotzdem glaubt, dass nicht alles bleiben muss, wie es ist. Denn dieser Kleinglaube wäre genauso gefährlich wie die Sehnsucht nach dem großen Umsturz, der seinen Maßstab an menschlicher Macht nimmt.

26: Georg Restle: Im Visier der AfD

Die AfD will einen Journalisten für kritische Berichterstattung belangen.

Von Mohamed Amjahid

17. Juli 2019, 16:53 Uhr Editiert am 18. Juli 2019, 16:39 Uhr DIE ZEIT Nr. 30/2019, 18. Juli 2019 26 Kommentare

Am Abend des 11. Juli 2019 strahlten die Tagesthemen einen Kommentar des WDR-Journalisten Georg Restle aus, in dem er die Kontakte der Identitären Bewegung (IB) zur AfD beschreibt und kritisiert. Am selben Tag hatte das Bundesamt für Verfassungsschutz die IB als rechtsextremistisch eingestuft. "Wer A sagt, muss jetzt auch B sagen. Wer die Identitäre Bewegung für rechtsextremistisch hält, kann die AfD nicht außen vor lassen", kommentierte

Restle. In den vergangenen Jahren beschrieben mehrere Medien, darunter auch die ZEIT, wie IB-Anhänger zum Beispiel für AfD-Politiker in Landtagen oder im Bundestag arbeiten. Restles weitgehende Forderung in seinem als Meinung gekennzeichneten Beitrag lautete: Man darf der AfD keinen Raum, keine Bühne und keine Stimme geben.

Was im Anschluss passierte, war unüblich: Georg Restle, der Journalist, wurde von Vertretern der kritisierten Partei namentlich in öffentlichen Reden genannt und für seinen Kommentar verurteilt.

Zwei Tage nach Ausstrahlung der Tagesthemen trat Jörg Meuthen, Bundessprecher der AfD, auf dem Platz vor der Stadthalle in Cottbus ans Mikrofon. Es war der ostdeutsche Wahlkampfauftakt seiner Partei. Knapp 1000 Anhänger waren erschienen. Meuthen las seine Rede vom Papier ab und nannte Restle dabei mehrfach beim Namen. Der AfD-Politiker bezeichnete den WDR-Journalisten dabei als "abstoßenden Feind der Demokratie und der freien Meinungsäußerung" und als "totalitären Schurken". Danach, das ist auf verschiedenen sozialen Medien dokumentiert, brach eine Welle der Empörung über Restle herein. Darunter mischten sich Kommentare anderer AfD-Politiker wie des Berliner Abgeordneten Gunnar Lindemann oder dessen Kollegen Ronny Kumpf aus Sachsen-Anhalt. User, die sich als AfD-Sympathisanten zu erkennen gaben, beschimpften Restle und forderten seine Entlassung. Unter diesen Beiträgen finden sich auch von anonymen Absendern verfasste Morddrohungen gegen den Journalisten.

Martin Renner ist AfD-Bundestagsabgeordneter aus Nordrhein-Westfalen und Mitglied im Medienausschuss. Er hatte nach Restles Tagesthemen-Kommentar einen offenen Brief an den WDR-Intendanten Tom Buhrow verfasst. Unter dem Briefkopf des Bundestags steht dort: "Die Entgleisung des aus öffentlichen Gebühren bezahlten Journalisten verlangt disziplinarische Konsequenzen." Hier verkennt ein AfD-Politiker, dass er keine Befugnisse hat, Journalisten für ihre Berichterstattung zu belangen. Georg Restle sagt dazu im Gespräch mit der ZEIT: "Dies ist ein klarer Angriff auf die Pressefreiheit, den man sich nicht einfach bieten lassen kann."

Am Telefon bezeichnet Renner Restles Analyse zu den vielfach dokumentierten Kontakten zwischen der IB und der AfD als eine "Lüge". Da die IB nun als rechtsextremistisch eingestuft wurde, kann sie vom Verfassungsschutz leichter beobachtet werden – somit rückt auch die AfD mit ihren Kontakten zur IB ins Visier der Behörde.

Zwar sei die Bezeichnung "totalitärer Schurke", wie Meuthen den WDR-Journalisten genannt hatte, nicht "zielführend", aber, so sagt Renner weiter, er empfinde Restle insgesamt schon als "schurkisch". Die Morddrohungen gegen ihn seien allerdings ein Zeichen für die Verrohung der gesellschaftlichen Debatte – und diese Verrohung sei ganz klar von Restle ausgegangen.

Seine Kritik am "Kampagnenjournalismus" habe er, Martin Renner, vor vier Wochen auch dem WDR-Intendanten Tom Buhrow persönlich erläutert. Es sei ein konstruktives Gespräch über das Neutralitätsprinzip der öffentlich-rechtlichen Medien mit Buhrow gewesen, sagt Renner. Der Sprecher des WDR-Intendanten bestätigt dieses Treffen im Rahmen eines Austauschs mit dem Kultur- und Medienausschuss im Bundestag, in dem Vertreter aller Fraktionen sitzen.

Der AfD-Vorsitzende Jörg Meuthen verurteilt auf Anfrage die Morddrohungen gegen Restle. "Gewaltanwendungen oder auch nur Drohungen mit Gewalt sind im politischen Diskurs komplett inakzeptabel, gegen wen auch immer. Ich erlebe derlei leider auch selbst. So etwas gegenüber Restle, wie gegenüber mir oder jedem anderen, ist aufs Schärfste zu verurteilen", ließ er in einer schriftlichen Mitteilung gegenüber der ZEIT wissen. Die verbalen Angriffe gegen den Journalisten indes verteidigte er: "Herr Restle stigmatisiert, ja kriminalisiert geradezu legitime freiheitliche, konservative und patriotische Positionen, wie sie von der AfD vertreten werden." Restle entpuppe sich "in seinem Hass und in seiner Paranoia als geistiger Brandstifter, der den Korridor des Sagbaren auf das für ihn erträgliche Maß reduzieren möchte", sagt Meuthen. Er bleibe dabei: Restle sei ein Feind der Meinungsfreiheit.

Nach mehreren Aufforderungen von Journalisten auf Twitter veröffentlichte der WDR folgendes Statement im Namen seines Programmdirektors Jörg Schönenborn: "Georg Restle ist ein exzellenter Journalist, der in seinen Kommentaren klar Position bezieht und dabei nicht vor Kontroversen zurückschreckt. Die Äußerungen über ihn sind indiskutabel. Gerade auch diejenigen, die immer wieder betonen, demokratisch gewählt worden zu sein, müssen sich an die demokratischen Spielregeln halten." Dazu gehöre im Kern, die Meinungsfreiheit zu respektieren.

27: G7-Gipfel: Auf den Frieden

Warum die G7-Chefs in Biarritz neben der neuen französischen Digitalsteuer auch über Wein streiten werden.

Von Georg Blume, Paris

21. August 2019, 16:48 Uhr Editiert am 22. August 2019, 10:38 Uhr DIE ZEIT Nr. 35/2019, 22. August 2019 37 Kommentare

Der Südwesten Frankreichs ist bekannt für Bordeaux. Er dürfte reichlich fließen, wenn am Wochenende die Staats- und Regierungschefs der G7 in Biarritz zusammenkommen, dort, wo schon Otto von Bismarck und Napoleon III. im Jahr 1865 wenig erfolgreiche Friedensgespräche führten. Französischer Wein ist nun auch auf die Gipfelagenda gerückt, denn zwischen Frankreich und den USA ist ein Streit entbrannt: Paris besteuert seit dem 1. Januar 2019 rückwirkend digitale Großkonzerne wie Google und Amazon. Dagegen will Washington mit höheren Zöllen auf französischen Wein vorgehen.

Zu Wochenbeginn lud das amerikanische Handelsministerium die Vertreter großer Technologiekonzerne zu einer Anhörung. Sie sollten sich zur Digitalsteuer äußern. Ihre Antworten klangen dramatisch: "Beunruhigender Präzedenzfall", "diskriminierende Steuer", "brutaler Bruch lange etablierter Regeln", hieß es von Google, Amazon, Facebook und Co. Aus Frankreich meldete sich nur ein einsamer Vertreter der Organisation französischer Großkonzerne zu Wort. Er sagte, die USA sollten doch vor der Welthandelsorganisation klagen. Doch Donald Trump denkt gar nicht daran. Er brachte im Gegenzug Zölle auf französischen Wein ins Spiel. Mit dieser Idee reist er nun ins Land des Bordeaux.

Für den Gastgeber Macron bietet die Begegnung mit Trump in Biarritz eine ausgezeichnete Gelegenheit: Er könnte sich als Kämpfer für die französischen Weinbauern gegen die Macht der amerikanischen Digitalkonzerne präsentieren. Als einer, der sich traut, die bisher für den Fiskus Unerreichbaren zu ärgern.

Seit seinem Amtsantritt hat Macron eine Digitalsteuer zur zentralen Gerechtigkeitsfrage seiner Wirtschaftspolitik erklärt. Sie ist zudem Ausdruck einer verstärkten Kapitalismuskritik, die Macron und sein Finanz- und Wirtschaftsminister Bruno Le Maire seit der französischen Gelbwesten-Krise vor sich hertragen. "Der Kapitalismus des 20. Jahrhunderts hat zur Zerstörung unserer natürlichen Grundlagen, zum Wachstum der Ungleichheit und zum Aufstieg autoritärer Regime geführt. Wir müssen ihn ändern", sagte Le Maire kürzlich dem Pariser Magazin Le Point. Also wollen Macron und Le Maire das Problem anpacken und mit den größten Profiteuren von heute anfangen: den Technologiekonzernen.

Ob die Steuer tatsächlich ein starker Angriff auf Google und andere Unternehmen ist, lässt sich freilich bezweifeln. Die Steuer umfasst drei Prozent des französischen Umsatzes von Unternehmen, die weltweit mehr als 750 Millionen Euro im Jahr umsetzten und davon mehr als 25 Millionen Euro in Frankreich. Betroffen dürften Schätzungen zufolge rund 30 Unternehmen sein, davon die große Mehrzahl aus den USA. Diese Tatsache brachte Donald Trump auf: "Wenn irgendjemand sie besteuert, dann ihr Heimatland USA. Wir werden substanzielle Maßnahmen gegen Macrons Dummheit in Kürze verkünden. Ich habe immer gesagt, dass amerikanischer Wein besser ist als französischer", twitterte er.

Unklar ist auch, welche Allianzen Macron für seine Steuer schmieden kann. Deutschland verwehrt ihm bislang die Unterstützung, aus Rücksicht auf die heimische Autoindustrie, die

US-Strafzölle fürchtet. Das britische Finanzministerium stellte dagegen Anfang Juli eine eigene Steuer vor, die der französischen ähnlich ist. Umso spannender war vor dem G7-Gipfel die Frage, ob der neue britische Premierminister Boris Johnson den Plan wieder kassieren würde. Auch Österreich, Spanien und Tschechien haben sich auf Macrons Seite gestellt.

Macrons eigentliches Ziel ist es, aus der nationalen eine globale Steuer zu machen. Dafür bedarf es der Zustimmung der anderen Staats- und Regierungschefs. Das sei der "schwierigste Schritt", sagte Le Maire. Gelänge dies, wäre womöglich sogar der Weg für eine von der Industriestaatenorganisation OECD geplante, weltweite Digitalsteuer ab Ende 2020 frei.

Allerdings spricht wenig dafür, dass die französischen Gastgeber ihre kritischen Gäste umstimmen können. 1870, fünf Jahre nach dem Treffen zwischen Bismarck und Napoleon III., herrschte Krieg zwischen Frankreich und Deutschland. Der amerikanisch-französische Handelskrieg könnte schon im nächsten Monat beginnen.

28: Bleibt endlich mehr Zeit zum Reden?

Eine neue Richtlinie regelt, wie viel Personal in der Psychiatrie arbeiten soll

Von Stefanie Kara

26. September 2019 DIE ZEIT Nr. 40/2019, 26. September 2019

Es ist eine der wichtigsten Entscheidungen für die Psychiatrie seit Jahrzehnten. Es geht darum, wie Menschen mit psychischen Erkrankungen in der Klinik behandelt werden, im Kern: wie lange Ärztinnen, Therapeutinnen, Pflegerinnen (in der Psychiatrie arbeiten vor allem Frauen) mit ihnen reden können – statt ihnen allein Medikamente zu geben, statt sie auf der Station einzusperren, statt sie im Gefahrfall festzubinden.

Zum Reden braucht es Menschen, bürokratisch: Personal. Doch die Regeln dafür, wie viel Personal in der Psychiatrie arbeiten soll, sind veraltet, sie stammen aus dem Jahr 1991. Deshalb sollte der Gemeinsame Bundesausschuss (G-BA) eine neue Richtlinie erarbeiten. Am 19. September hat er sie beschlossen. Künftig sollen "verbindliche personelle Mindestvorgaben" gelten, mit der Richtlinie würden "Verbesserungen" erreicht. Heftige Kritik kommt unter anderem von der Deutschen Gesellschaft für Psychiatrie und Psychotherapie, Psychosomatik und Nervenheilkunde: "Statt der notwendigen Verbesserung der Personalschlüssel droht Personalabbau."

Wer recht hat? Schwer zu sagen, denn Konkretes hat der G-BA noch nicht veröffentlicht. Inoffiziell ist zu hören, er habe die Untergrenze bei 85 Prozent des alten Solls gezogen – das klingt nach einer dramatischen Verschlechterung. In den kommenden vier Jahren solle sie auf das alte Niveau steigen – darin könnte wiederum eine Verbesserung stecken, denn bei Verstoß drohen, anders als bisher, Sanktionen.

Man muss diese Zahlen aber nicht nur mit dem Soll vergleichen, sondern auch mit dem Ist. Auch nicht einfach. Denn die zentrale Studie zur aktuellen Personalsituation, die der G-BA in Auftrag gegeben hatte, ist ebenfalls nicht veröffentlicht – wegen Manipulationsverdachts. Auch in diesem Fall ist nur Inoffizielles zu hören: Lediglich 80 Prozent der Stellen seien besetzt. Stimmt das, könnten sogar die dramatisch klingenden 85 Prozent mancherorts eine Verbesserung sein.

29: Geld oder Liebe

Der Skandal bei den Salzburger Osterfestspielen um Christian Thielemann und Nikolaus Bachler offenbart, wie sehr es der Kunst ans Leder geht.

Von Christine Lemke-Matwey

29. Oktober 2019, 16:50 Uhr Editiert am 31. Oktober 2019, 10:57 Uhr DIE ZEIT Nr. 45/2019, 30. Oktober 2019

Man lernt viele lustige Wörter, wenn man sich mit Salzburgs Festspiel-Szene beschäftigt. "Wertauslastung" zum Beispiel ist ein Wort, das nachklingt, oder "Einigungszwang". Sehr beliebt ist auch jemandes "Unverwendbarkeit" in diesem oder jenem Kontext. Und dass die Wahrheit "elastisch" ist, versteht sich ohnehin von selbst ("eh", wie man in Österreich sagt). Da also alles elastisch ist und keiner seriös verwendbar in den Augen des anderen, herrscht neuerdings Aufruhr an der Salzach. Schlammschlachten werden geschlagen, Tischtücher zerschnitten – und nach anderthalb Jahren kreist eine Frage über den Köpfen, die angeblich niemand gewollt hat: Wer braucht eigentlich die Salzburger Osterfestspiele, dieses karajaneske Relikt aus einer Zeit, in der es kübelweise Manna regnete und die Musik sich selbst genügte?

Im Vordergrund des Zerwürfnisses stehen zwei Alphatiere. Der eine, der Dirigent Christian Thielemann, ist seit 2013 künstlerischer Leiter der Osterfestspiele, sekundiert von Peter Ruzicka als Geschäftsführer, einem alten Vertrauten. Beide lieben die Tradition: Im Zentrum des Festivals – 1967 von Herbert von Karajan gegründet, um die Berliner Philharmoniker Oper spielen zu lassen – stehen demnach "ein bedeutender Dirigent und sein Orchester". Rüttelt man an diesem Prinzip, so Ruzicka, beschädige man "die Seele" der Osterfestspiele. Der Rüttler wiederum ist das andere Alphatier, Nikolaus Bachler, derzeit Intendant der Bayerischen Staatsoper. 2020 wird Bachler Ruzicka nachfolgen, wenn dieser sich aus freien Stücken zurückzieht. Und Bachler will reformieren, will wechselnde Dirigenten, einen starken Regie-Fokus und mehr "Hitze" erzeugen, wie er sagt – auch im Blick auf Werbung, Marketing und Sponsoren.

Alleinherrschaft gegen Pluralität, möchte man meinen, 20. gegen 21. Jahrhundert, und warum sollten die Herzen auch nicht für das Neue schlagen, den Aufbruch? Doch wir sind in Salzburg, da hat vieles einen doppelten Boden. Also ist vordringlich die Frage, ob Bachler dieses Konzept schon bei seinem Bewerbungsgespräch mit dem Aufsichtsrat in der Tasche hatte – oder ob er es erst präsentierte, als klar war, dass Thielemann ihn und seine Pläne ablehnt. Die zeitlichen Vorläufe im Klassikgeschäft lassen Ersteres vermuten. Wurde der Steirer Bachler also engagiert, um den Preußen Thielemann aus dem Feld zu schlagen?

Thielemann sagt im Gespräch, er sei "vom Chef zum Angestellten" degradiert worden, da Bachler ab 2022 auch künstlerisch die Gesamtverantwortung trage. Dies widerspreche seinen eigenen, vertraglich fixierten Kompetenzen.

Bachler erzählt am Telefon, Thielemann habe ihn eigentlich interessiert. Nur benehme dieser sich oft "wie ein pubertierender Junge".

Thielemann schäumt, es fehle ihm jedes Verständnis, wie Bachler für Salzburg Webers Freischütz vorschlagen könne, eine deutsche Oper mit deutschen Dialogen – für ein internationales Publikum geradezu ein Affront.

Bachler behauptet, es gebe einen Jago in der Affäre, einen "Einflüsterer" und Intriganten. Der habe den anfangs keineswegs unwilligen Thielemann "umgedreht". Beweisen kann er das nicht. Sich Peter Ruzicka in seinem hanseatischen Lodenmantel als Jago vorzustellen fällt jedenfalls schwer.

Ein Hahnenkampf also. Wer profitiert davon, fragt man sich? Und wenn es denn die Absicht der politisch und ökonomisch Verantwortlichen gewesen sein sollte, die Ära Thielemann zu beenden: Warum haben sie nicht mit offenem Visier gespielt, dem Dirigenten für seine Verdienste gedankt und ihn 2022, mit Ende seines Vertrages, auf einer Sänfte aus der Stadt getragen? Die vor allem perspektivisch prekäre wirtschaftliche Situation der Osterfestspiele hätte das leicht gemacht. Vielleicht wäre Thielemann nicht ohne Weiteres hinauszukomplimentieren gewesen, selbst im Guten nicht. Böse Zungen behaupten, er verdiene in Salzburg zu Ostern Gagen, die er nirgends sonst auf der Welt bekäme. Und natürlich liebt man in Salzburg den Skandal, das große Drama.

Solche Fragen führen aus dem Vorder- in den Hintergrund und in die Historie der Geschichte, und hier wird sie symptomatisch. Bis heute finanzieren sich die Osterfestspiele Salzburg zu 88 Prozent aus privaten Mitteln, aus Kartenerlösen, Beiträgen der Förderer und gezieltem Sponsoring. Die Kunst muss sich also verkaufen – oder wie es die ehemalige Salzburger Landeshauptfrau Gabi Burgstaller, SPÖ, formulierte: Sollen sich die Jachtbesitzer das doch selber zahlen. Unter Karajan taten sie es mit Hingabe, 4500 potente Förderer bildeten zugleich das Publikum, außerdem wurde die Oper im Sommer nachgespielt.

Karajans Nachfolger Claudio Abbado indes – erster Fehler – hatte auf Salzburg im Sommer keine Lust, die Konstruktion wurde aufgelöst, ein Drittel des Budgets kompensiert (etwa mit höheren Kartenpreisen). Abbados Nachfolger Simon Rattle wiederum hatte auf so ziemlich gar nichts in Salzburg zu Ostern Lust, vor allem nicht auf das reiche, alte, elitäre Publikum, und rächte sich – zweiter Fehler – mit dezidierter Anti-Glamour-Kost. Die Auslastung sank, die Förderer bekamen schlechte Laune, zusätzlich erschütterte ein Finanzskandal das Festival. Um den Knoten zu durchschlagen, suchte Rattle schließlich – dritter Fehler – das Weite und gründete 2013 mit den Berliner Philharmonikern in Baden-Baden eigene Osterfestspiele.

Jetzt war zwar der Weg frei für Christian Thielemann und die Dresdner Staatskapelle, die besser ins Profil passten – um die Zahlen aber stand es nicht gut. Die Förderer schwanden (aktuell noch 1750), die Kartenpreise schossen weiter in die Höhe, und den einzigen Großsponsor VW hatte man aus Dresden importiert. Ist dieses Tableau ein Spiegel der Gesellschaft, fragt man sich, die im Begriff steht, sich von der Kultur als einem unbedingt förderungswürdigen Gut zu verabschieden? Oder sprechen nur Hochkultur und Hochfinanz nicht mehr dieselbe Sprache (was verschmerzbar wäre, aber gleichwohl ein Symptom)? So oder so hat man in Salzburg zu spät erkannt, dass die Geldgeber die Kunst, die man ihnen anschaffte, nicht wirklich mochten. Und als man es erkannte, brach Panik aus.

Ein Mann, der mittendrin und gleichzeitig weit genug weg sitzt und es von Amts wegen wissen muss, ist Michael Berger-Sandhofer, der Präsident des Fördervereins der Osterfestspiele. Als Salzburger Bankierserbe und Führungskraft bei Sotheby's in London, wo wir ihn treffen, verfügt der 56-Jährige über den idealen Stallgeruch: mit Karajan aufgewachsen, mit Jonas Kaufmann so eng wie mit den Thyssen-Bornemiszas, melierte Schläfen, goldene Manschettenknöpfe, alert. Ein Kosmopolit, ein "Idealist", wie er selber sagt. Seine Lieblingsvokabel: "trrraumhaft".

Unter Thielemann, daraus macht Berger-Sandhofer kein Hehl, habe er in Salzburg wenig Erfreuliches erlebt: "Tosca war sehr schwach, Otello mäßig, Arabella nichts Besonderes." Einzig die Meistersinger dieses Jahr seien "ein Trrraum" gewesen und hätten wie die Walküre

2017 eingelöst, was man sich von ihm versprochen hätte: "Wagner, Strauss und Bruckner, das macht er grandios!" Ein origineller Gedanke, Thielemann implizit vorzuwerfen, gegen die ästhetische Etikette zu verstoßen und auch Verdi, Puccini und Schönberg zu dirigieren, ja gar Gubaidulina. Ausgerechnet Thielemann, der sonst immer für sein schmales Repertoire gescholten wird. "Die Ausländer", sagt Berger-Sandhofer, "sind nicht solche Fans von ihm wie in Wien oder in Bayreuth." Authentisch ist, wenn ein Deutscher bei seinem deutschen Leisten bleibt, ein Italiener beim Belcanto und so fort? Bachlers Konzept verfolgt exakt diese Linie. Von einer Qualität, wie Thielemann sie verkörpert, ist da erst einmal nicht die Rede.

So richtig in Rage gerät der Präsident bei den Sängern. In der Tat liest sich der Besetzungszettel der Neuinszenierung von Verdis Don Carlo im nächsten Jahr etwas merkwürdig: Zwar singt dort der Tenor Yusiv Eyvazov die Titelpartie – aber ohne Anna Netrebko, seine Ehefrau, als Elisabetta. Wo die beiden doch sonst fast nur im Doppelpack auftreten. Netrebko gibt dieses Rollendebüt erst ein halbes Jahr später: an der Semperoper, die Salzburgs Osterinszenierung rituell koproduziert – und für maximal 200 Euro in der Loge statt für 480 Euro im Großen Festspielhaus. Da würden sich seine Förderer schon fragen, so der "Michi", warum sie überhaupt noch nach Salzburg führen. "Das Preis-Leistungs-Verhältnis stimmt nicht. Das ist der Hauptgrund für die massiven Rückgänge." Und die Leistung wäre? "Exklusivität", sagt Berger-Sandhofer, "beim run for the big names vorne dabei zu sein. Das Package Salzburg. Aber ich bin kein G'scheitscheißer, ich bin nur der Kümmerer."

"Wertauslastung" übrigens meint die faktisch verkauften Tickets einer Vorstellung – im Gegensatz zur "Platzauslastung", die Ehren-, Steuer- und Pressekarten einschließt. Von 79 Prozent "Auslastung" der Osterfestspiele hatte Salzburgs Landeshauptmann Wilfried Haslauer, ÖVP, Anfang Oktober gesprochen und neues böses Blut erregt. Die Platzausnutzung nämlich, die öffentlich viel lieber genannt wird, steht mit 90,5 Prozent sehr gut da. In derselben Sitzung verwechselte Haslauer allerdings auch Turandot mit Tosca und Claudio Abbado mit Riccardo Muti. Arg viel scheint ihm an der Kunst nicht zu liegen.

Und dann ist da noch das Gesellschaftliche. Dass Christian Thielemann für Sponsoren-Dinner und angewandtes Socializing nur in Ausnahmefällen zu gewinnen sein würde, muss allen Beteiligten von Anfang an klar gewesen sein; dass dies für ein Privat-Festival keine glückliche Konstellation ist, ebenso (zumal auch Peter Ruzicka, wie man weiß, nicht gerne auf den Tischen tanzt). Hätten die anderen Parameter gestimmt, so hört man aus dem Aufsichtsrat – die Zahlen, die Namen, das Engagement –, wäre all das nicht das Problem gewesen. "Thielemann will nicht unter Menschen, dafür hatte ich immer Verständnis", sagt auch Berger-Sandhofer. "Man muss die Künstler in Ruhe lassen."

Mit der Ruhe ist es freilich vorbei. Ganz akut, weil für die Lohengrin-Neuinszenierung 2022, die Thielemann gegen Bachlers Willen durchgedrückt hat, diverse Verträge noch nicht unterschrieben sind. Da bietet sich Material zum Weiterzündeln. Außerdem steht immer noch der Elefant im Raum, dass just 2022 der Vertrag der Berliner Philharmoniker in Baden-Baden ausläuft. Was, wenn wider alle Dementis längst daran gearbeitet wird, sie nach Salzburg zurückzuholen? Bachler steht mächtig unter Druck. Wie will er das Kulinarische, leicht Verkäufliche so mit einem Profil versehen, dass dabei etwas anderes herauskommt als jener globale Supermarkt, aus dem sich landauf, landab ohnehin jeder bedient? Thielemann, der Schwierige, das war so etwas wie die letzte Differenz. "Wir sind davon überzeugt, dass Nikolaus Bachler liefern wird", betont Berger-Sandhofer – "er ist ein Profi, ein Aufreißer."

30: Wiederauferstanden

Sie waren die Ersten in Deutschland, die ihren Hund klonen ließen. Nun ist Marlon II. bei ihnen.

Von Nadine Ahr

2. Dezember 2019 DIE ZEIT Nr. 50/2019, 2. Dezember 2019

Seit sieben Monaten und zwei Tagen ist er an diesem Novembertag bei ihnen. Marlon II., eine Englische Bulldogge. Ein Hund wie jeder andere und doch eine kleine Sensation. Denn Marlon II., der auf Marlon I. folgte, ist ein Klon.

Seine Besitzer, Simone und Sven, sind die ersten Menschen in Deutschland, die ihren toten Hund sozusagen neu erschaffen ließen. Auch weil das eine solche Besonderheit war, wollen beide nur mit Vornamen in der Zeitung stehen.

Damals, als die ZEIT kurz vor Ostern von Marlons Wiederauferstehung berichtete, war ihr Dicker, wie seine Besitzer ihn nennen, noch in Korea. Im Labor des Wissenschaftlers Hwang Woo Suk, dem Simone und Sven kurz nach dem Tod von Marlon I. persönlich die Gewebeproben aus dessen Leichnam übergeben hatten.

Dr. Hwang war Professor für Veterinärmedizin an der Uni Seoul, bis er im Jahr 2004 behauptete, menschliche Embryonen geklont zu haben, eine Lüge. Heute ist er der Kopf von Sooam Biotech Research Foundation, einer Firma, die mit der menschlichen Liebe zu Tieren ihr Geld verdient. Denn Hwang hatte zwar nicht menschliche Embryonen geklont, aber – als Erster weltweit – einen Hund, Snuppy, einen Afghanischen Windhund.

Nun sollte er auch die Englische Bulldogge von Simone und Sven klonen, die bei einer Kastration mit nur vier Jahren plötzlich verstorben war. Aus einer Hautzelle Marlons und einer entkernten Eizelle sollte ein neuer Marlon entstehen. Für 100.000 Dollar. So wie Hwang es mittlerweile schon tausendmal praktiziert hat. Und tatsächlich, es klappte. Fünf Wochen nach Marlons Tod bekamen Simone und Sven ein Ultraschallbild per WhatsApp. Es war der Beweis: Die Zellen hatten sich zu Embryonen entwickelt, und einer der entstandenen Embryonen hatte sich in der Gebärmutter der Leihmutterhündin eingenistet.

Heute, da ihr neuer alter Hund längst bei ihnen in Sachsen wohnt, bekommen Sven und Simone immer wieder die gleiche Frage gestellt: Ob Marlon II. denn wirklich so ist wie Marlon I. Schließlich kann man die Gene klonen, aber nicht die Seele, oder?

"Das glaubt uns immer keiner, sagt Simone, aber er ist wirklich genauso wie der alte Marlon." Schon damals in Korea, als sie ihn das erste Mal sahen, lief der kleine Marlon direkt auf Simone zu und freute sich, als hätte er sie erkannt, sagt sie. Und nun, da er bei ihnen ist, spielt Marlon II. mit demselben Motorradreifen, mit dem schon Marlon I. so gerne spielte. Er hüpft in den Hundepool im Garten, den auch der alte Marlon liebte, und wenn er zwischen Simone und Sven ins Bett kriecht, dann legt er sich auf den Rücken und streckt alle vier Pfoten gen Himmel. Wie Marlon I.

"Er hat das gleiche Drehbuch", sagt Sven.

"Fast schon gruselig", sagt Simone.

Und nicht nur sein Charakter sei gleich, sagt Simone und zeigt ein Video von jenem Tag, als sie Marlon II. nach Hause holten. Damals traf Molly – ihre fünfjährige Hündin, ebenfalls eine Englische Bulldogge, die den alten Marlon kannte und keine anderen Hunde mag, sie sogar wegbeißt – zum ersten Mal auf den Klon. Man sieht, wie Molly auf ihn zuläuft, wie sie an ihm schnüffelt und sich freut, so wie Hunde sich freuen, wenn sie einander erkennen. "Der neue Marlon", sagt Simone, "riecht genauso wie der alte." Für Molly ist Marlon nach langer Abwesenheit einfach wieder zurückgekehrt.

Und Sven und Simone? Wie ist es für sie?

"Bevor Marlon II. da war, haben wir uns schon gefragt, ob wir das Richtige gemacht haben", sagen sie, "aber jeder Zweifel war weg, als er da war."

Weil Sven und Simone so glücklich mit Marlon II. sind und weil sie anderen Besitzern, die auch ihren Hund verloren haben, helfen wollen, sind sie jetzt offizielle Ansprechpartner für die Sooam Biotech Research Foundation in Deutschland. Vier Besitzer aus Deutschland und ein Paar aus der Schweiz haben sie schon beraten, haben Fragen beantwortet und ihnen gesagt, worauf sie achten müssen.

Ein Paar aus Bayern hat bereits seinen neuen Hund aus Korea entgegengenommen. Marlon II. ist nicht mehr der einzige Klon in Deutschland.

Und was ist, wenn irgendwann Molly stirbt? Wird es dann eine Molly II. geben?
Geplant sei es nicht, sagt Simone. Blickt auf Molly, die zu Svens Füßen liegt. Molly hebt den Kopf, schaut Simone mit ihren Hundeaugen an. "Aber ich sag mal, sag niemals nie."